Zahlenraster (1–100)

Male die genannten Felder farbig aus.

1									
									20
91									

rot: 23, 33, 43, 53, 63, 64, 65, 66, 67, 24, 34, 54, 25, 26, 36, 56, 27, 37, 47, 57

Zahlenraster (1–100)

Male die genannten Felder farbig aus.

								9	
31									
									70

schwarz: 52, 83, 63, 72
gold: 55, 84, 74, 65
rot: 57, 66, 77, 86
schwarz: 82, 73, 62, 53
gold: 54, 64, 75, 85
rot: 56, 67, 76, 87

Zahlenraster (1–100)

Male die genannten Felder farbig aus.

						7			
11									
									40

rot: 64, 68, 66, 65, 67
schwarz: 58, 57, 56, 55, 54
gold: 76, 78, 74, 77, 75

Zahlenraster (1–100)

Male die genannten Felder farbig aus.

		3							
61									
									90

gold: 24, 35, 36, 27, 28
blau: 44, 49, 47
rot: 59, 58, 57
gold: 29, 39, 34, 25, 26, 37, 38
blau: 48, 46, 45
rot: 54, 56, 55

Persen ® Bergedorfer ® Best.-Nr. 2389

24 **1**

Hohlmaße

Welche Gefäße fassen zusammen genau 1 Hektoliter?

1 hl = ____ l

24 **2**

Gewichte

Welche Gegenstände wiegen zusammen genau 1 Tonne?

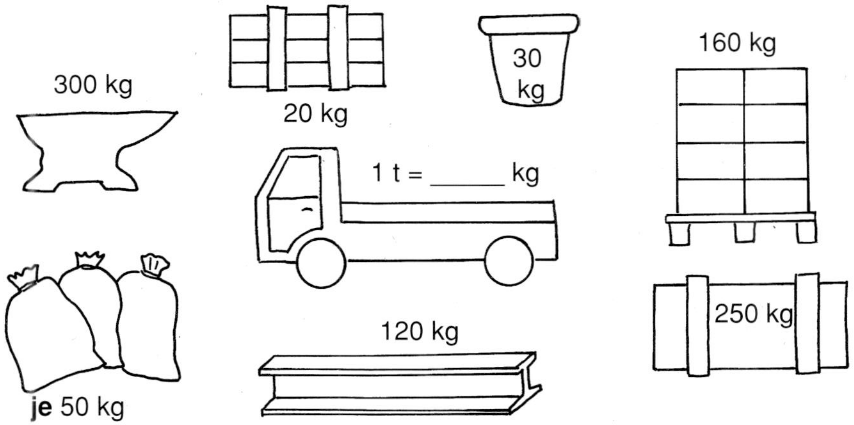

1 t = ____ kg

24 **3**

Gewichte

Welche Gegenstände wiegen zusammen genau 1 Kilogramm?

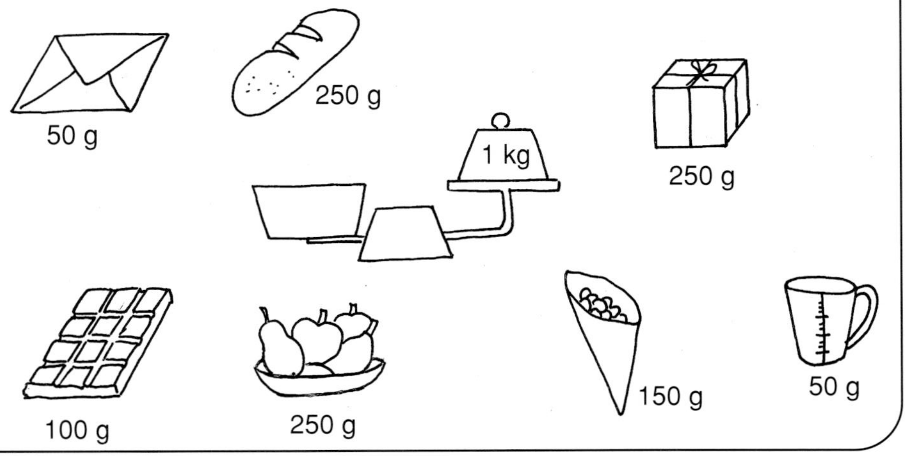

24 **4**

Längenmaße

Welche Gegenstände sind zusammen genau 1 Meter lang?

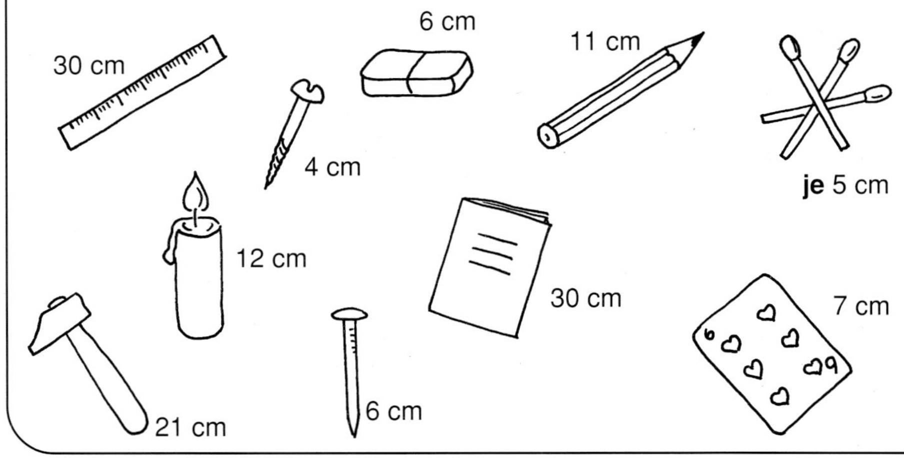

Persen Bergedorfer® Best.-Nr. 2389

1 Rechenstrategie

Paare bilden!
Bilde Zahlenpaare und addiere.

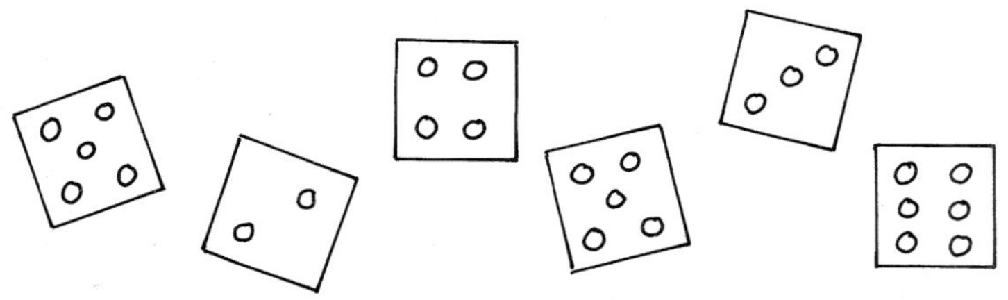

6 + 2 + 5 + 4 + 8 + 5 =

3 + 4 + 9 + 7 + 1 + 6 =

8 + 2 + 4 + 3 + 7 + 6 =

2 Rechenstrategie

Paare bilden!
Bilde Zahlenpaare und addiere.

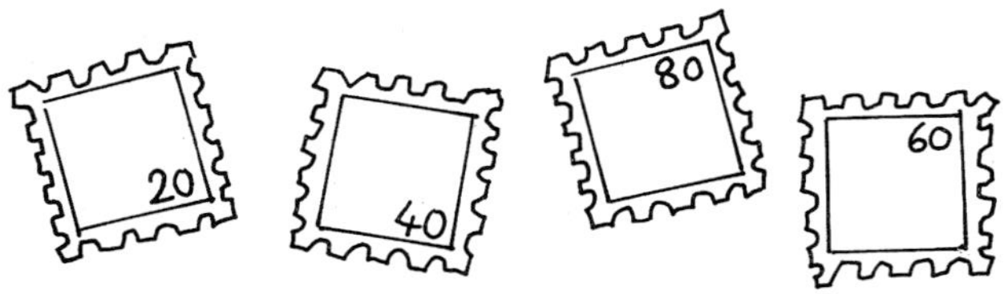

20 + 40 + 60 + 80 + 70 + 30 =

45 + 25 + 55 + 65 + 75 + 35 =

16 + 72 + 53 + 28 + 47 + 84 =

3 Rechenstrategie

Paare bilden!
Bilde Zahlenpaare und addiere.

160 + 250 + 840 + 750 + 300 =

530 + 270 + 190 + 470 + 730 =

690 + 280 + 720 + 310 + 540 =

320 + 190 + 500 + 810 + 680 =

4 Rechenstrategie

Paare bilden!
Bilde Zahlenpaare und addiere.

80 cm + 40 cm + 20 cm + 60 cm =

600 kg + 300 kg + 700 kg + 400 kg =

25 l + 85 l + 75 l + 15 l =

930 m + 680 m + 320 m + 70 m =

Persen Bergedorfer® Best.-Nr. 2389

Rechenturm

Findest du die Spitze, ohne Zwischenresultate zu notieren?

▒				
8				
5	3	2	1	5

Rechenturm

Findest du die Spitze, ohne Zwischenresultate zu notieren?

▒				
20	10	40	10	30

Rechenturm

Findest du die Spitze, ohne Zwischenresultate zu notieren?

▒				
6	2	4	3	5

Rechenturm

Findest du die Spitze, ohne Zwischenresultate zu notieren?

▒				
10	30	40	20	30

Rechenturm

Suche die Differenzen ⊖.

100	60	80	45	90
40				

Rechenturm

Suche die Differenzen ⊖.

100	600	1000	400	200

Rechenturm

Suche die Differenzen ⊖.

80	30	100	20	60
			40	

Rechenturm

Suche die Differenzen ⊖.

250	100	40	20	100

Bd. 326. Gerold Guggenbühl: Blitz-Übungen Mathematik

Persen ® Bergedorfer ®
Best.-Nr. 2389

Rechenturm

Suche die Differenzen ⊖ .
Findest du den Grundstein, ohne Zwischenresultate zu notieren?

9	3	5	10
6			

Rechenturm

Suche die Differenzen ⊖ .
Findest du den Grundstein, ohne Zwischenresultate zu notieren?

80	40	100	70

Rechenturm

Suche die Differenzen ⊖ .
Findest du den Grundstein, ohne Zwischenresultate zu notieren?

12	6	15	7

Rechenturm

Suche die Differenzen ⊖ .
Findest du den Grundstein, ohne Zwischenresultate zu notieren?

700	1000	600	400

Kegel

Welche beiden Zahlen musst du voneinander subtrahieren (−), damit das Ergebnis so **klein** wie möglich wird?

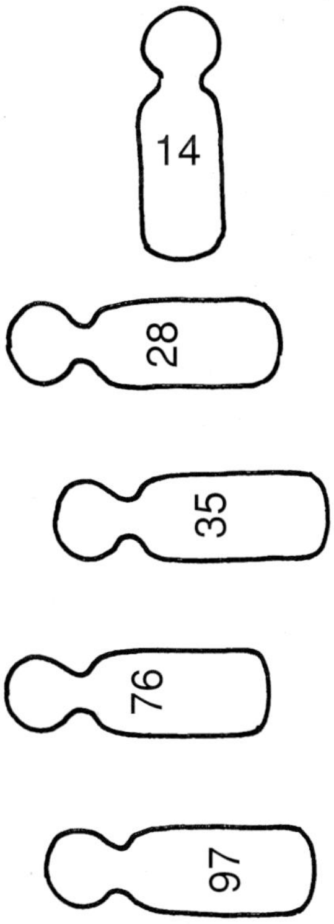

Bälle

Welche beiden Zahlen musst du voneinander subtrahieren (−), damit das Ergebnis so **klein** wie möglich wird?

Würfel

Welche beiden Zahlen musst du voneinander subtrahieren (−), damit das Ergebnis so **groß** wie möglich wird?

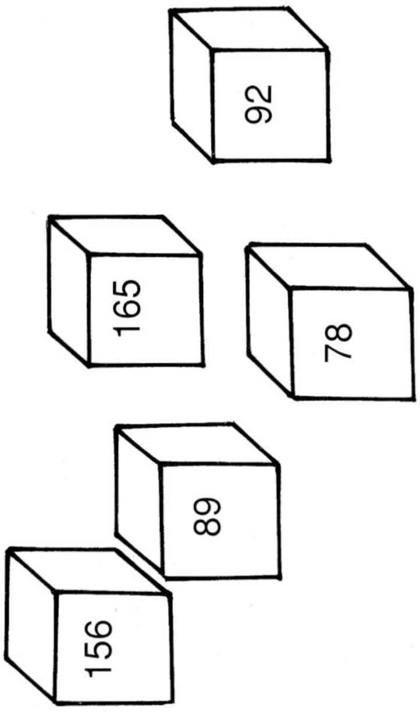

Fahnen

Welche beiden Zahlen musst du voneinander subtrahieren (−), damit das Ergebnis so **groß** wie möglich wird?

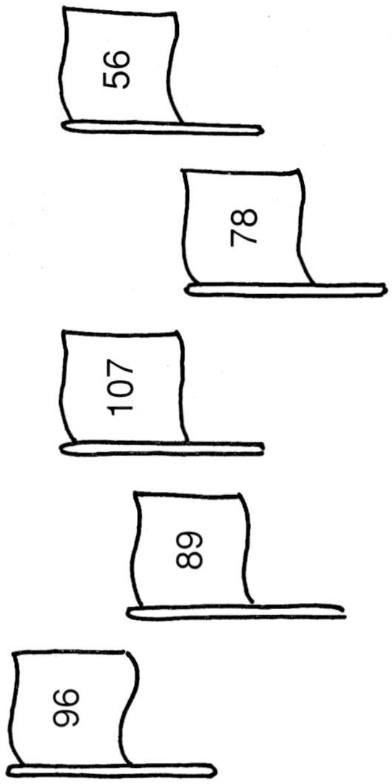

Persen ® Bergedorfer ®
Best.-Nr. 2389

Rechenstrategie

Gut geschätzt ist halb gerechnet!
Schätze und bilde die Kontrollsumme.

12 · 38 = 465 456 1456 ______

15 · 76 = 1140 940 2140 ______

16 · 52 = 1832 532 832 ______

18 · 65 = 970 1170 370 ______

Kontrollsumme 3598

Rechenstrategie

Gut geschätzt ist halb gerechnet!
Schätze und bilde die Kontrollsumme.

24 · 32 = 768 668 1168 ______

32 · 65 = 1880 3080 2080 ______

65 · 24 = 1360 1560 2060 ______

35 · 82 = 2870 3870 2470 ______

Kontrollsumme 7278

Rechenstrategie

Gut geschätzt ist halb gerechnet!
Schätze und bilde die Kontrollsumme.

54 · 32 = 1528 1728 2028 ______

28 · 56 = 1568 2068 1168 ______

32 · 72 = 1904 1894 2304 ______

82 · 25 = 3050 2050 1850 ______

Kontrollsumme 7650

Rechenstrategie

Gut geschätzt ist halb gerechnet!
Schätze und bilde die Kontrollsumme.

12 · 2025 = 3050 25000 24300 ______

16 · 1650 = 26400 32200 20100 ______

15 · 3020 = 25800 30900 45300 ______

24 · 2850 = 68400 53600 91100 ______

Kontrollsumme 164400

Gewichte

Alle Pakete sind gleich schwer.
Wie viel wiegt 1 Paket?

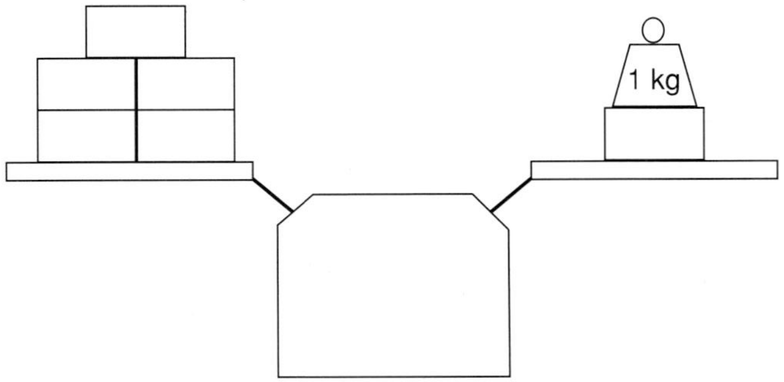

1 Paket wiegt ______ g.

Gewichte

Alle Pakete sind gleich schwer.
Wie viel wiegt 1 Paket?

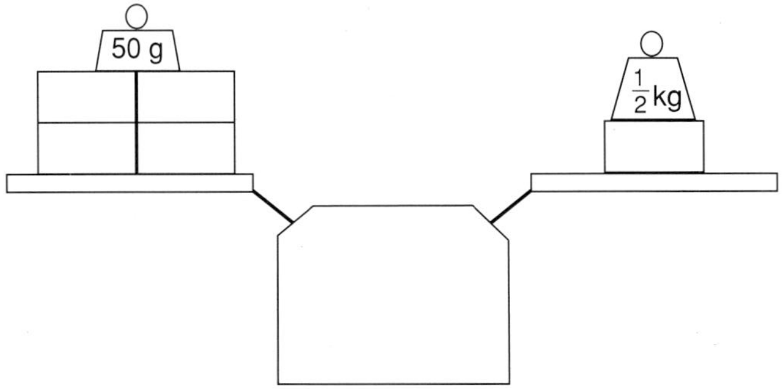

1 Paket wiegt ______ g.

Gewichte

Alle Pakete sind gleich schwer.
Wie viel wiegt 1 Paket?

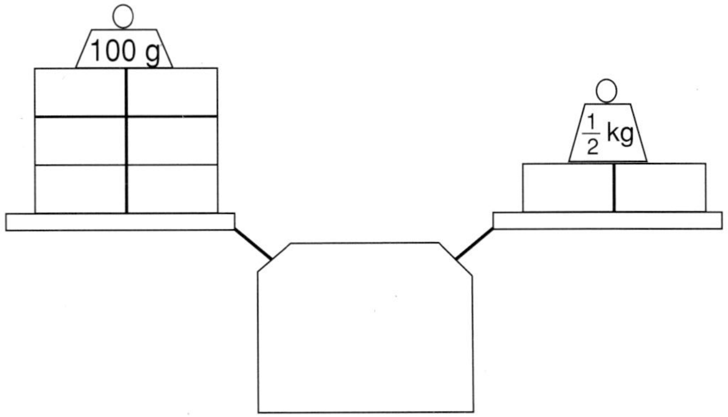

1 Paket wiegt ______ g.

Gewichte

Alle Pakete sind gleich schwer.
Wie viel wiegt 1 Paket?

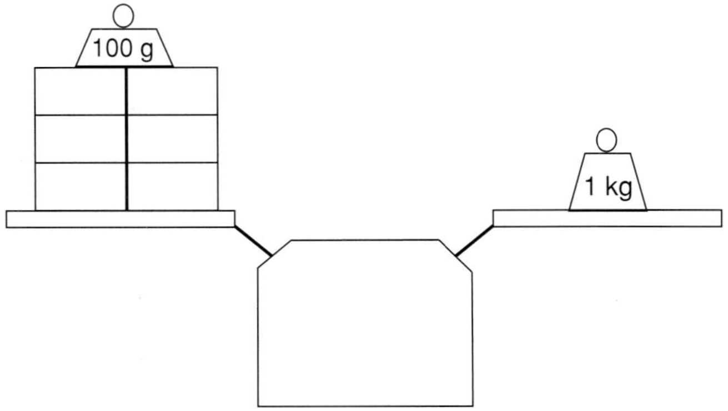

1 Paket wiegt ______ g.

Flüssigkeiten abmessen

Du hast 2 Gefäße. Miss genau 1 dl ab.

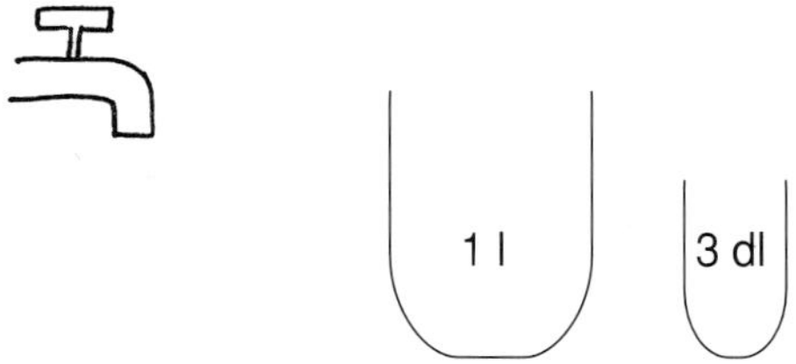

Flüssigkeiten abmessen

Du hast 2 Gefäße. Miss genau 10 l ab.

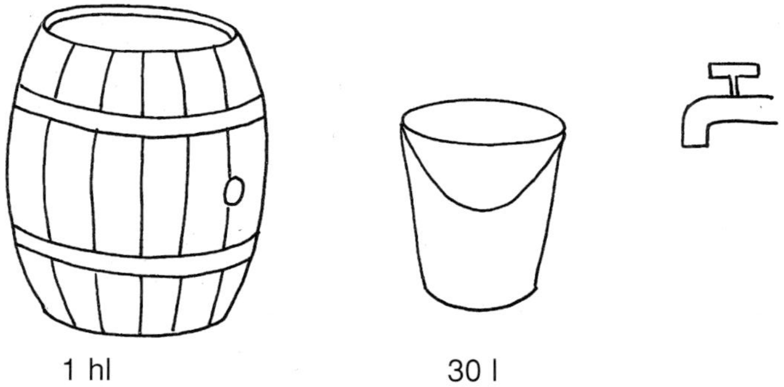

Flüssigkeiten abmessen

Du hast 2 Gefäße. Miss genau 1 dl ab.

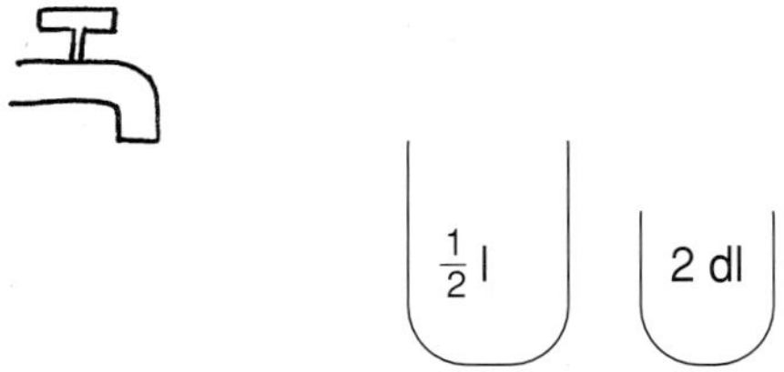

Flüssigkeiten abmessen

Du hast 2 Gefäße. Miss genau 1 l ab.

Persen ® Bergedorfer ® Best.-Nr. 2389

27

Strecken 1

Eine Leichtathletik-Rundbahn misst 400 m (1 Runde).

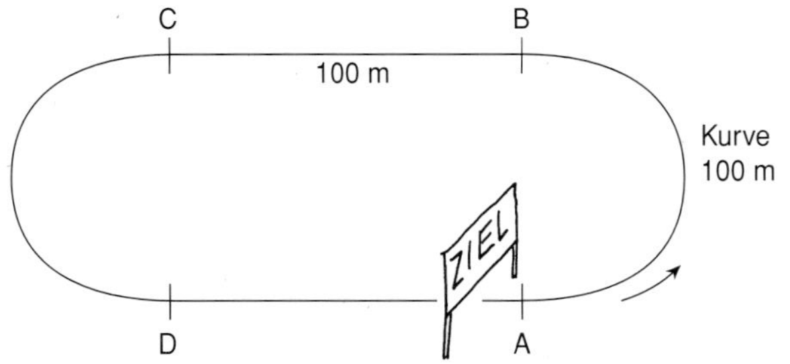

	Start bei	Anzahl Runden
Beim 800-m-Lauf	______	______
Beim 1 500-m-Lauf	______	______
Beim 10 000-m-Lauf	______	______

27

Strecken 3

Wer hat den weiteren Schulweg, Ursula oder Karin?
(1 cm = 100 m)

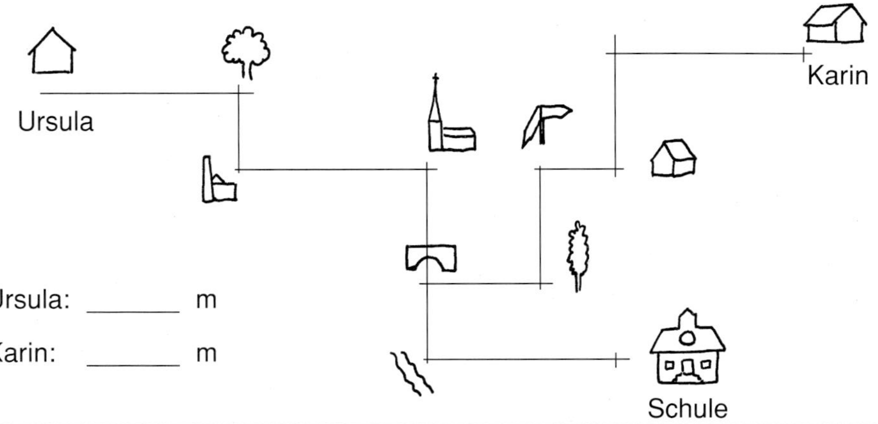

Ursula: ______ m

Karin: ______ m

27

Strecken 2

Wie weit fährt Herr Müller von Adorf nach Belingen?
(1 cm = 1 km)

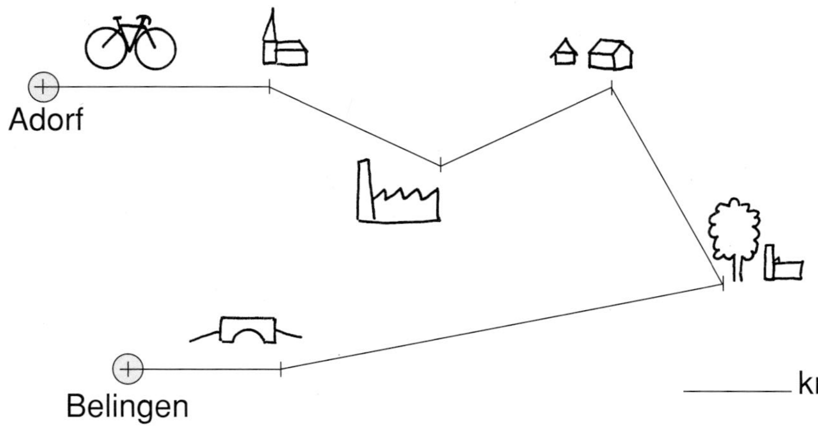

______ km

27

Strecken 4

Auf einer Karte im Maßstab 1 : 25 000 beträgt die Strecke von A nach B 6 cm. Wie groß ist die Entfernung in Wirklichkeit?

6 cm · 25 000 = 150 000 cm = 1 500 m = 1,5 km

Berechne die Entfernungen:

a) 8 cm – 1 : 25 000

b) 10 cm – 1 : 50 000

a) ______ km b) ______ km

Geometrische Grundform

Was ist das?

Alle Seiten sind gleich lang.
Die Zentren von Innen- und Außenkreis fallen zusammen, sie sind also identisch.
Alle Winkel sind gleich groß und betragen 60 Grad.

Das ist ein ______________

Geometrische Grundform

Was ist das?

Alle Winkel betragen 90 Grad.
Die Diagonalen sind gleich lang.
Je zwei gegenüberliegende Seiten sind gleich lang.

Das ist ein ______________

Geometrische Grundform

Was ist das?

Die Diagonalen sind gleich lang.
Die Zentren von Innen- und Außenkreis fallen zusammen, sie sind also identisch.
Alle Seiten sind gleich lang.
Alle Winkel betragen 90 Grad.

Das ist ein ______________

Geometrische Grundform

Was ist das?

Alle Seiten dieser regelmäßigen Figur sind gleich lang.
Alle Winkel betragen 120 Grad.
Die Figur kann man in sechs deckungsgleiche (kongruente) gleichseitige Dreiecke unterteilen.

Das ist ein ______________

Persen ® Bergedorfer ® Best.-Nr. 2389

29 1

Spiegelbilder

Führe die folgenden Schritte durch.
Was stellst du fest?

a) zeichnen, falten b) durchstechen c) Punkte verbinden

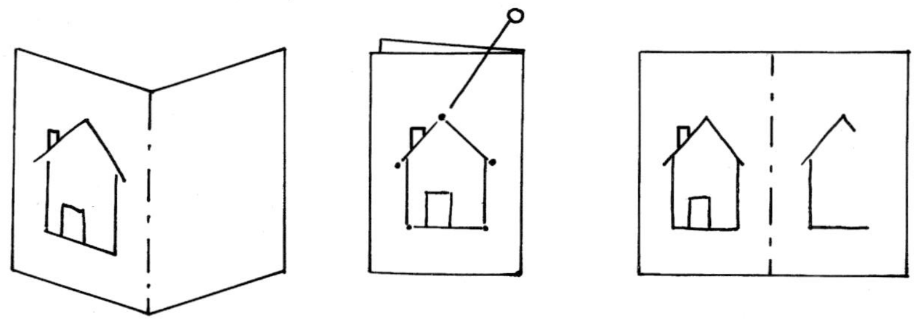

29 3

Spiegelbilder

Was fehlt?

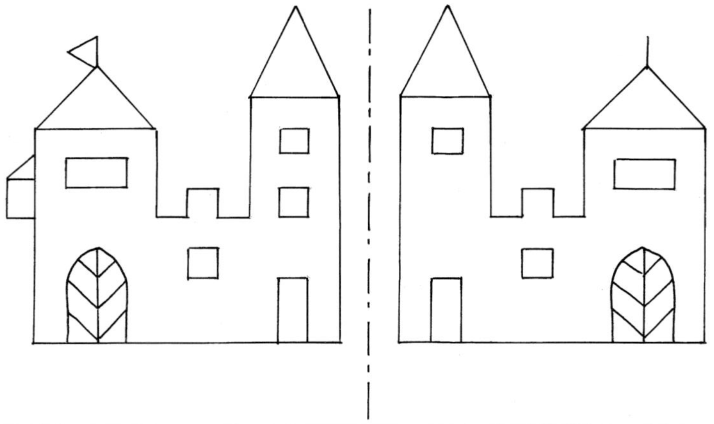

29 2

Spiegelbilder

Was stimmt nicht?

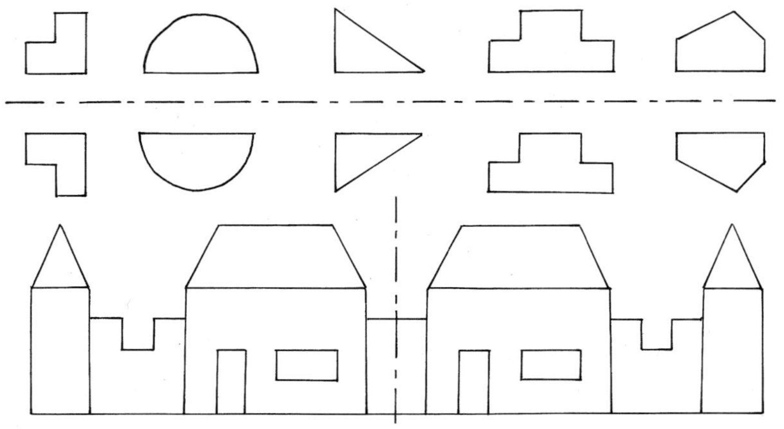

29 4

Spiegelbilder

Welche der folgenden Großbuchstaben haben Symmetrie-Achsen? Zeichne sie ein.

A B C D E F G

Persen ® Bergedorfer ®
Best.-Nr. 2389

30 1

Flächenberechnung

Wie viele Quadrate stecken in der Fläche?
Die ✂ kann dir helfen.

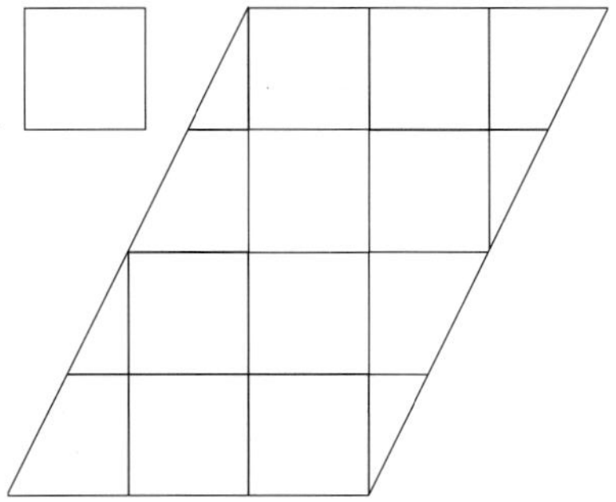

A ____

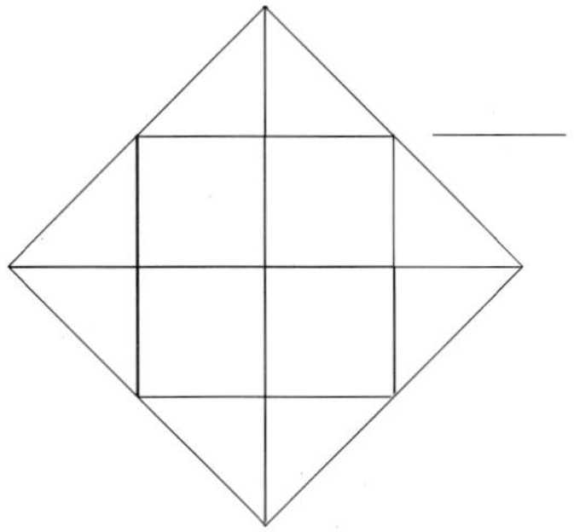

B ____

30 2

Flächenberechnung

Wie viele Quadrate stecken in der Fläche?
Die ✂ kann dir helfen.

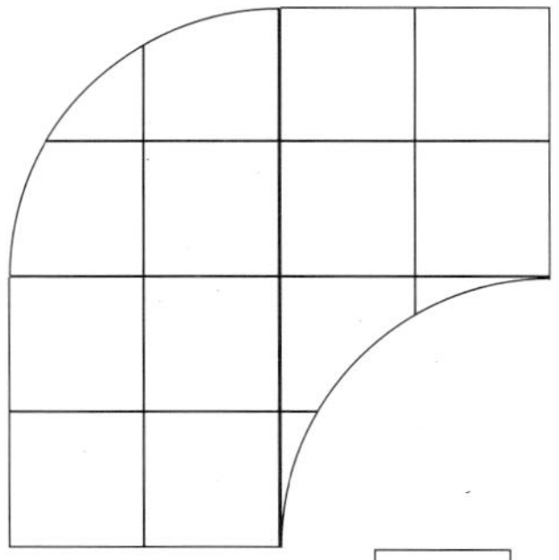

A ____

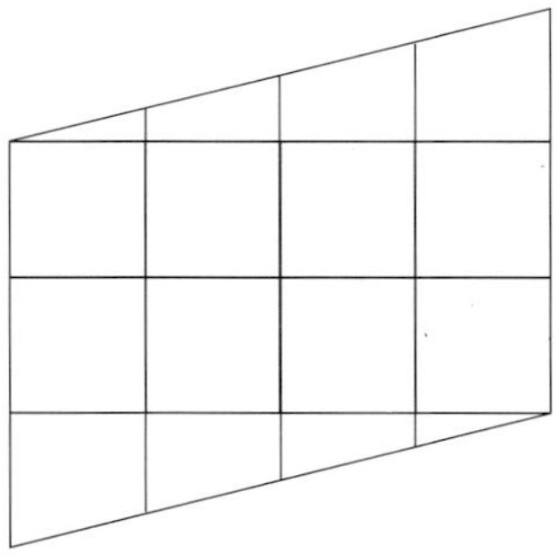

B ____

30 3

Flächenberechnung

Wie viele Quadrate stecken in der Fläche?
Die ✂ kann dir helfen.

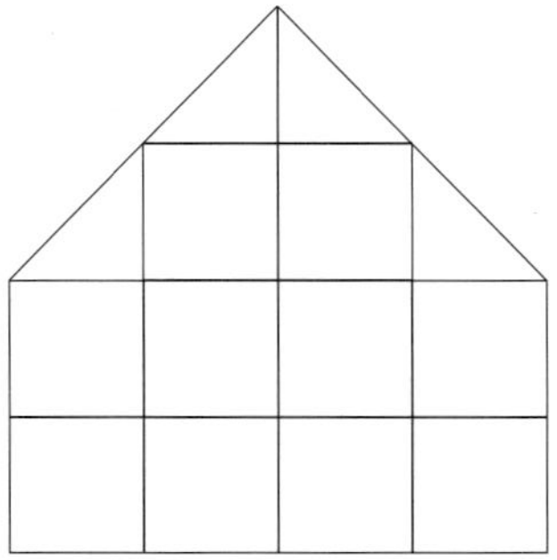

A ____

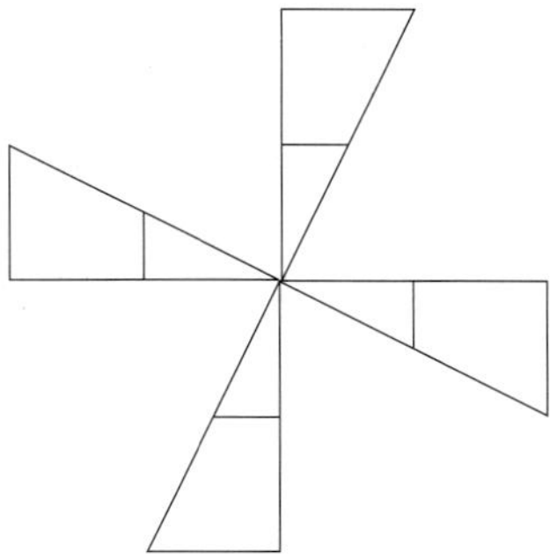

B ____

30 4

Flächenberechnung

Wie viele Quadrate stecken in der Fläche?

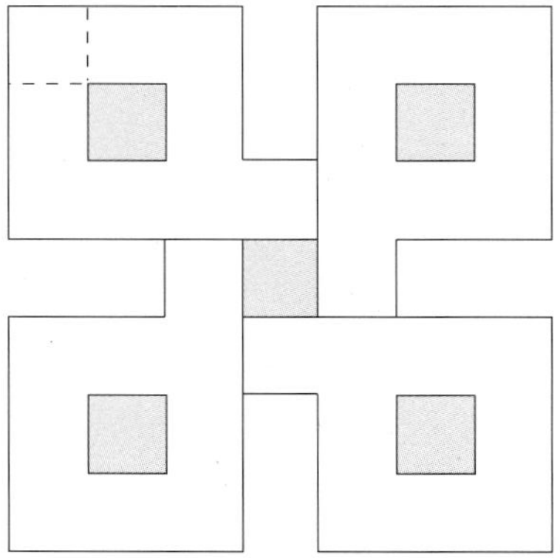

____

Persen ® Bergedorfer ®
Best.-Nr. 2389

Pakete schnüren

Wie lang muss die Schnur sein, wenn du für Knoten und Schleife 20 cm brauchst?

Länge:______

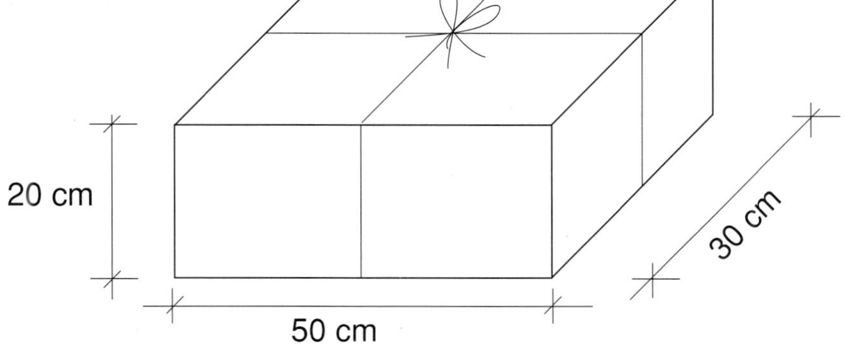

Pakete schnüren

Wie lang muss die Schnur sein, wenn du für Knoten und Schleife 20 cm brauchst?

Länge:______

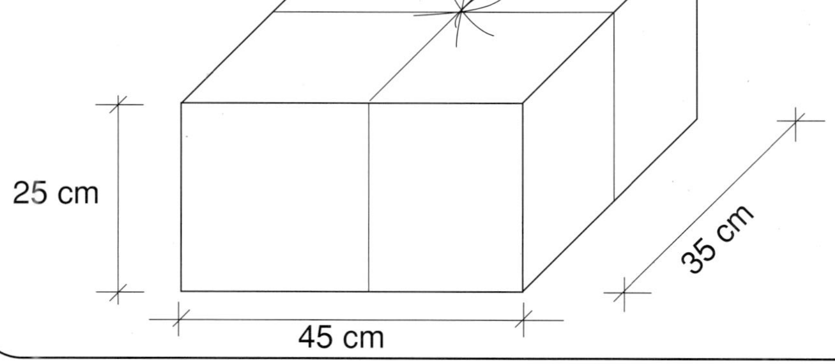

Pakete schnüren

Wie lang muss die Schnur sein, wenn du für Knoten und Schleife 20 cm brauchst?

Länge:______

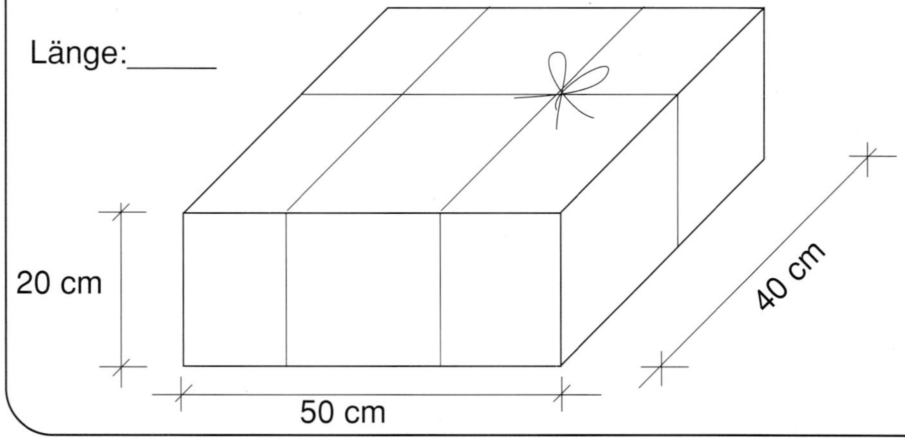

Pakete schnüren

Wie lang muss die Schnur sein, wenn du für Knoten und Schleife 20 cm brauchst?

Länge:______

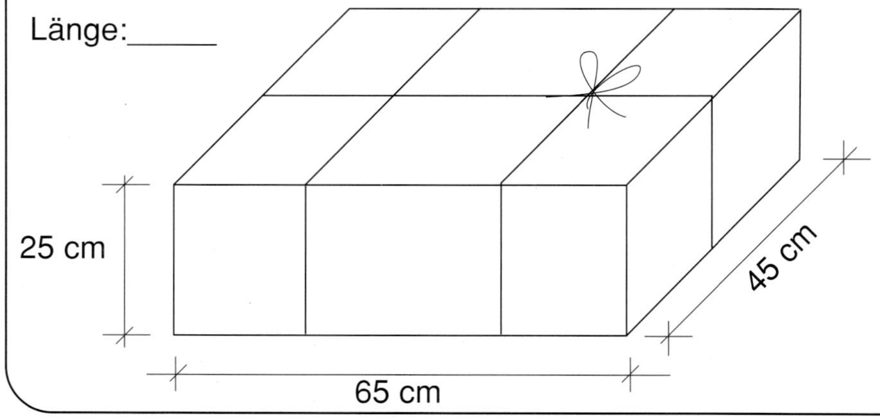

Bd. 326. Gerold Guggenbühl: Blitz-Übungen Mathematik

Persen ® Bergedorfer ® Best.-Nr. 2389

Raumlehre

Welche Flächen gehören zum Netz eines
Würfels, eines Zylinders oder einer Pyramide?

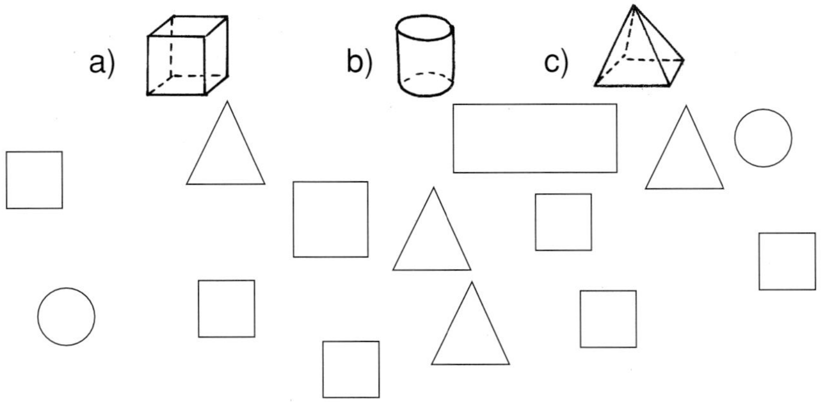

Raumlehre

Welche Flächen gehören zum Netz eines
Prismas, eines Würfels oder eines Quaders?

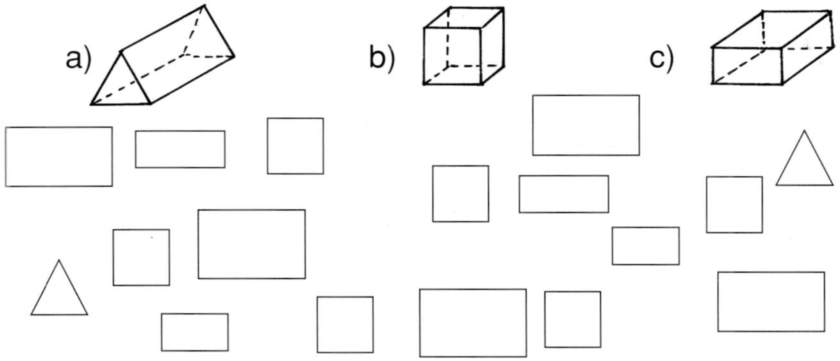

Raumlehre

Welche Flächen gehören zum Netz eines
eines Kegels, eines Prismas oder Tetraeders?

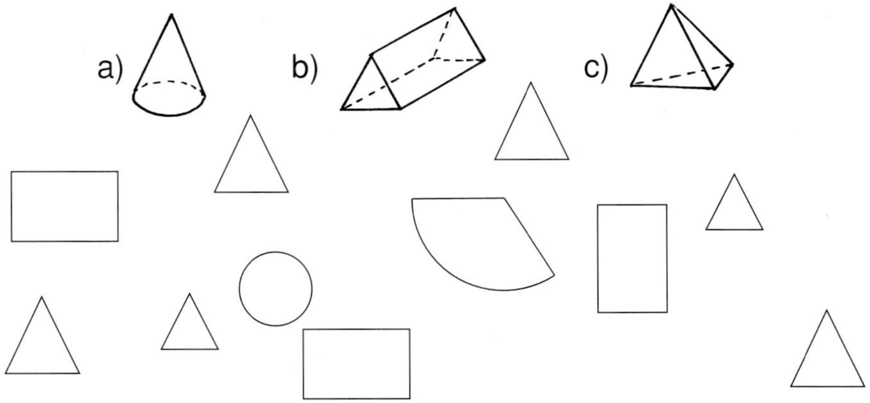

Raumlehre

Welche Flächen gehören zum Netz eines
Quaders, eines Zylinders oder eines Oktaeders?

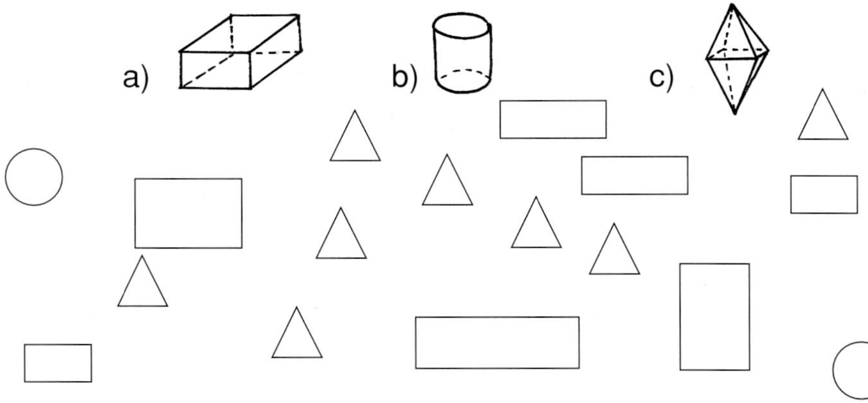

Bergedorfer®
Best.-Nr. 2389

Denken im Raum

1. Wo befinden sich die ▭ Flächen?

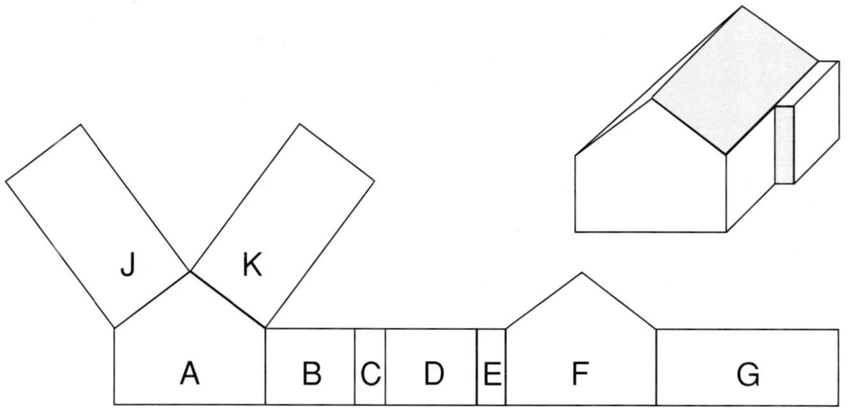

Denken im Raum

3. Wo befindet sich die ▭ Fläche?

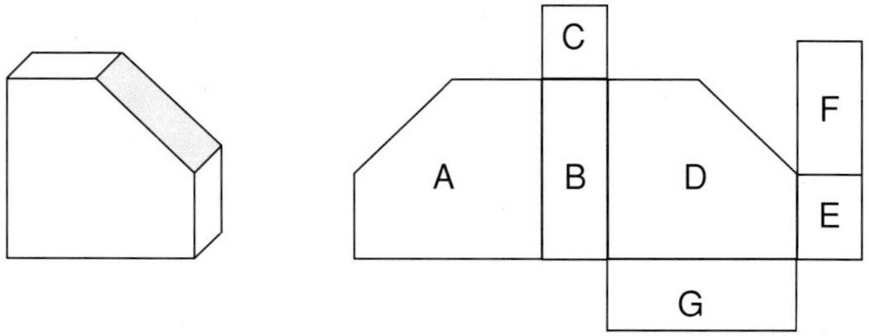

Denken im Raum

2. Wo befinden sich die ▭ Flächen?

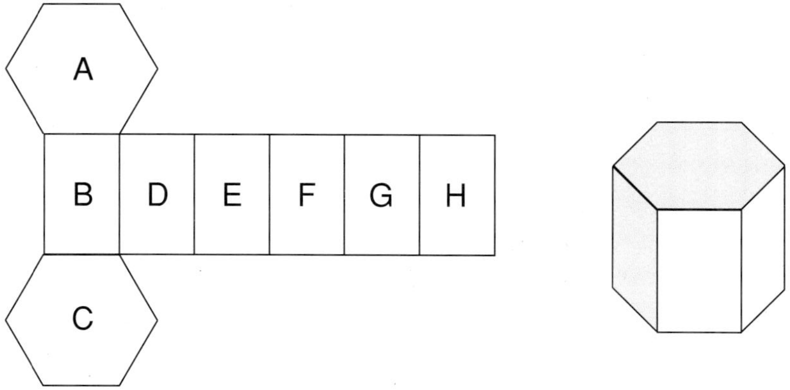

Denken im Raum

4. Wo befinden sich die ▭ Flächen?

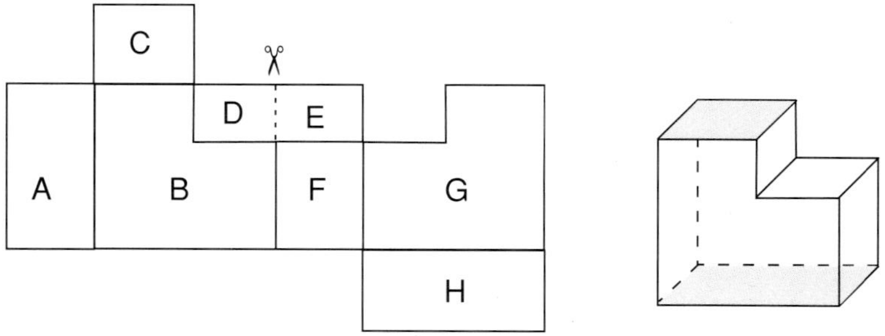

Bd. 326. Gerold Guggenbühl: Blitz-Übungen Mathematik

Umfang

Berechne die Länge des Zaunes.

a) 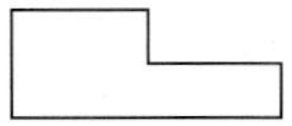 b) 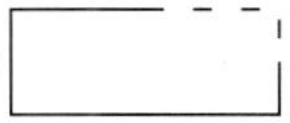

Variante

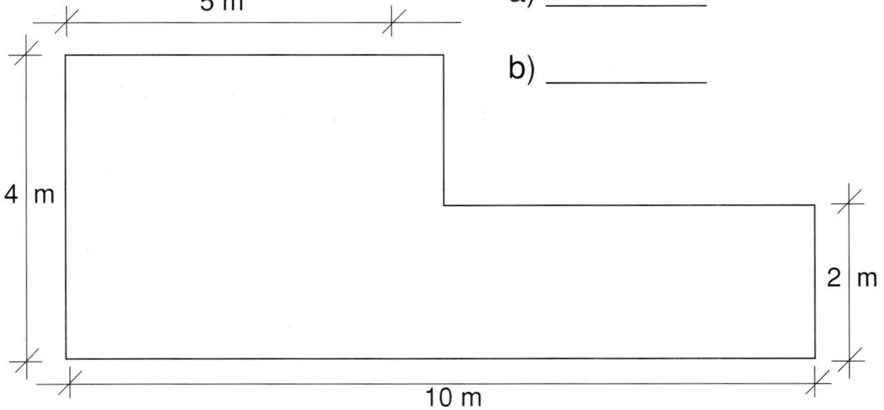

a) ____________

b) ____________

Fläche

Berechne die Teppichfläche.
Zeichne ein!

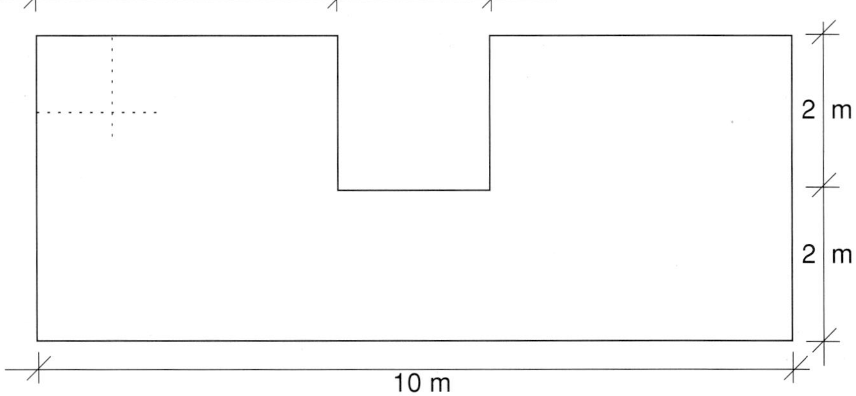

Fläche: ____________

Umfang

Berechne die Anzahl Pfähle (Abstand 2 m) und zeichne sie ein!
Berechne die Länge des Drahtes.

3fach Zaun 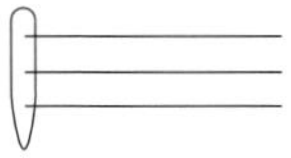

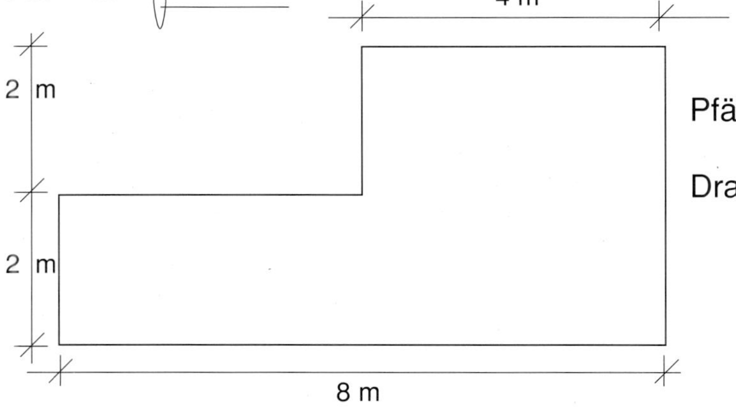

Pfähle: ________

Draht: ________

Fläche

Berechne: a) die Bodenfläche
b) die Anzahl Fliesen (Fliesenmaß: 25 cm x 25 cm)

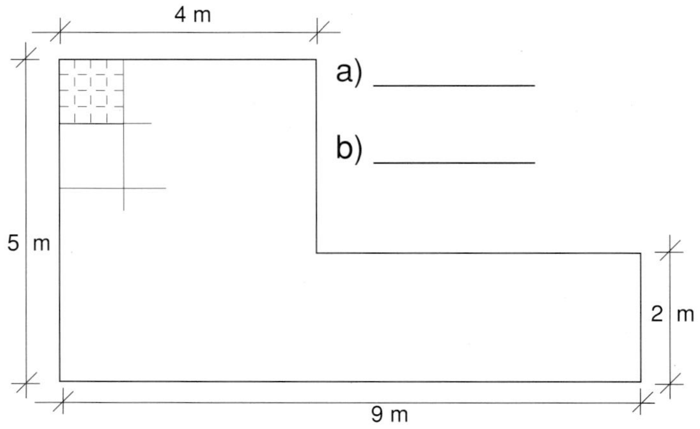

a) ____________

b) ____________

Skizze – 100 m lange Allee

Wie viele Pappeln stehen zu beiden Seiten der Allee?

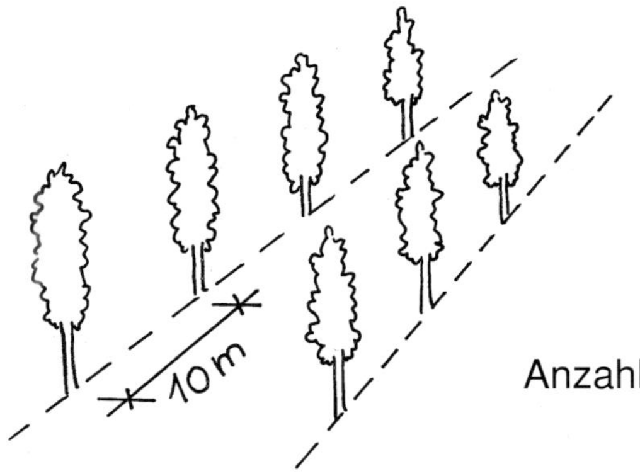

Anzahl Pappeln: ________

Skizze – Bücherregal

Wie hoch wird das ganze Regal,
wenn es 5 Regalbretter erhält?

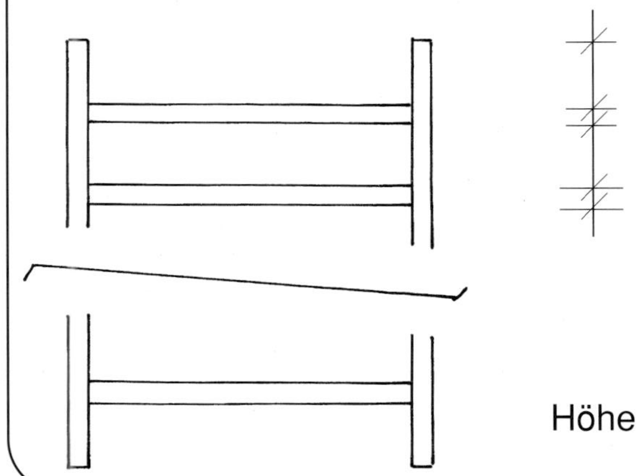

25 cm
2 cm
25 cm

Höhe insgesamt: _____ cm

Skizze – Gartentor

Wie breit wird das ganze Tor?

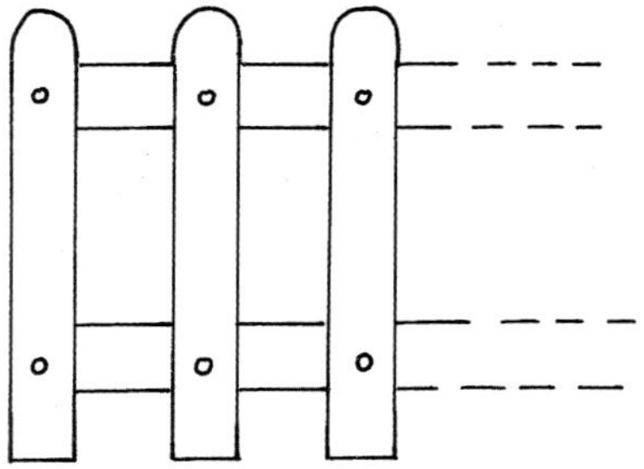

Anzahl Latten: 10
Lattenbreite: 8 cm
Zwischenräume: 10 cm

Breite insgesamt: ____ cm

Skizze – Würfel

Ein Würfel wird mit 3 Schnitten zerteilt:
2 Schnitte senkrecht, 1 Schnitt waagerecht.
Wie viele Teile erhältst du?

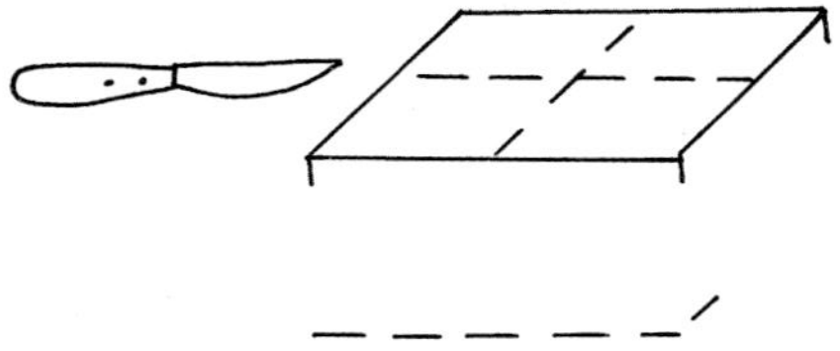

Teile: ________

Persen Bergedorfer® Best.-Nr. 2389

36 1

Würfel

Welche Würfel stimmen nicht?

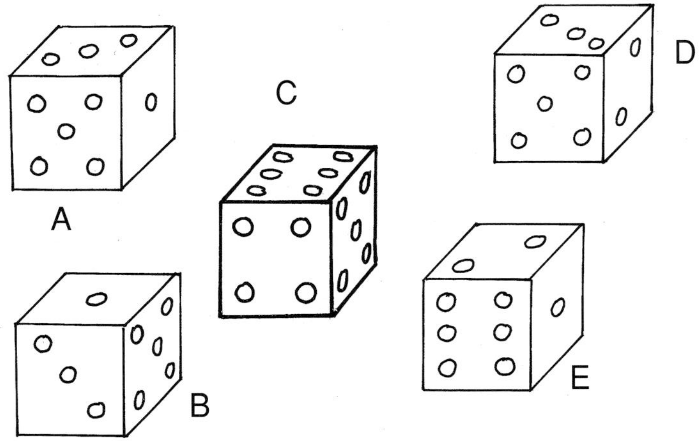

36 2

Würfel

Wie viele Augen sind zu sehen?
Betrachte den Turm von allen Seiten!

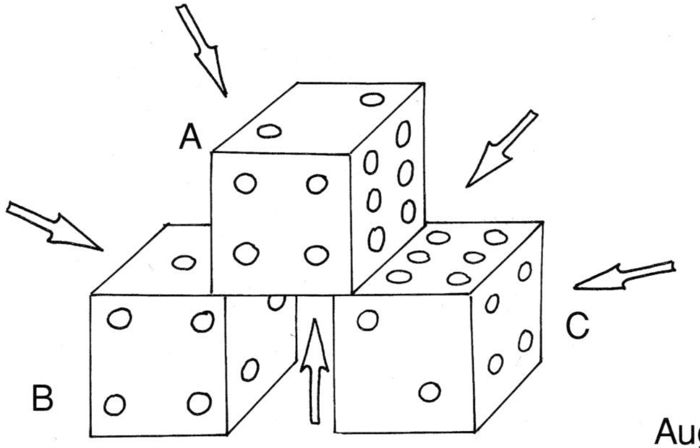

Augen: ____

36 3

Würfel

Drehe den Würfel dreimal nach rechts
und zweimal nach vorne. Trage die richtigen Augen ein!

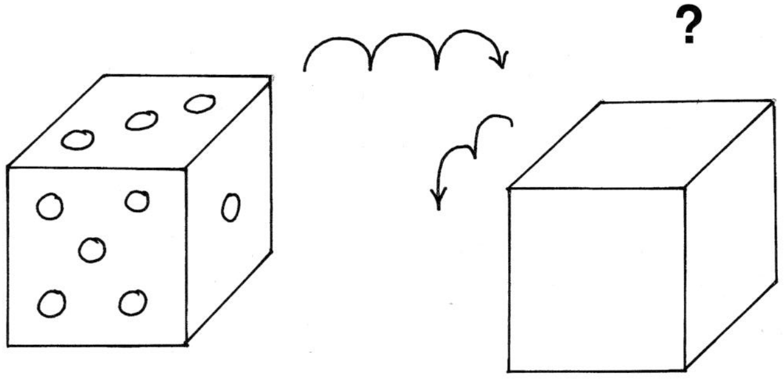

36 4

Würfel

Wie viele Augen sind versteckt?
Du kannst rund um den Turm gehen.

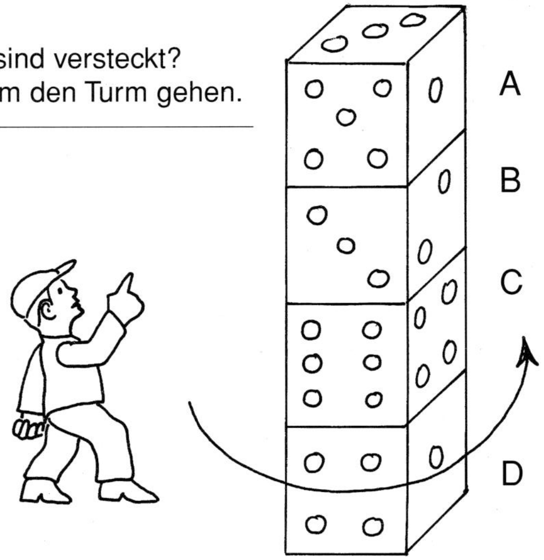

Augen: ____

37 1

Hier fehlt ein Stück

Mauerloch:
Wie viele Ziegel fehlen?

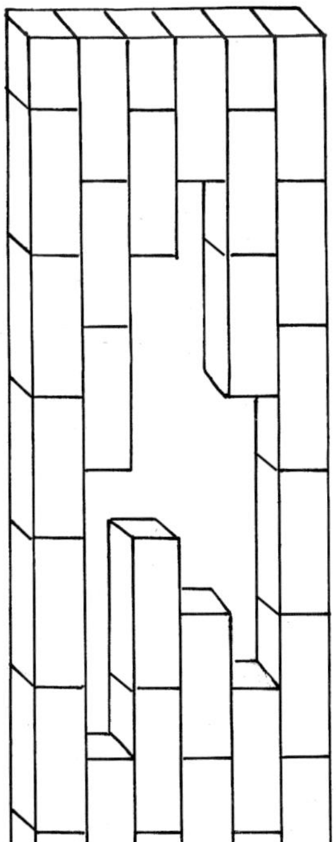

Ziegel: ____

37 2

Hier fehlt ein Stück

Mosaik:
Wie viele Dreiecke fehlen?

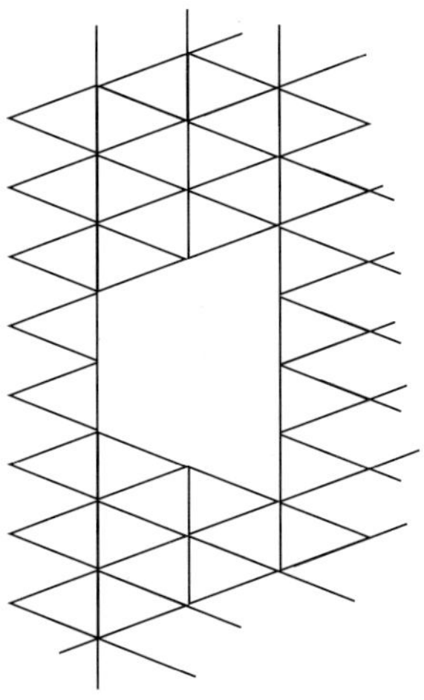

Dreiecke: ____

37 3

Hier fehlt ein Stück

Gitterstäbe:
Wie viele Stäbe fehlen?

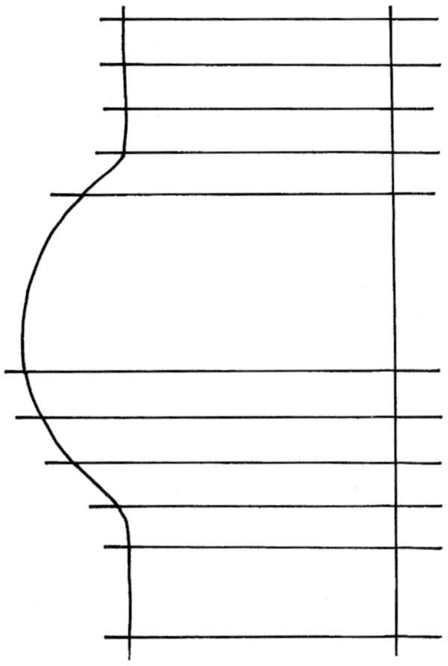

Stäbe: ____

37 4

Hier fehlt ein Stück

Bodenfliesen:
Wie viele Fliesen fehlen?

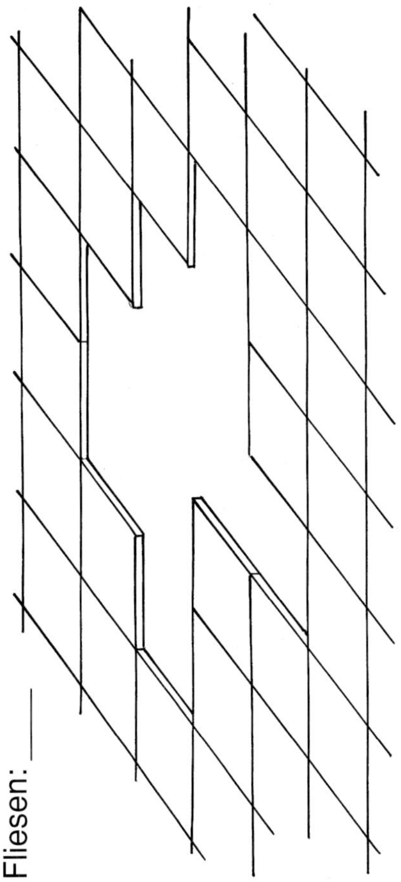

Fliesen: ____

Persen ® Bergedorfer ® Best.-Nr. 2389

38 1

Buntes Allerlei

Wie viele Strecken kannst du von A, B, C … F aus ziehen?
(Keine doppelten!)

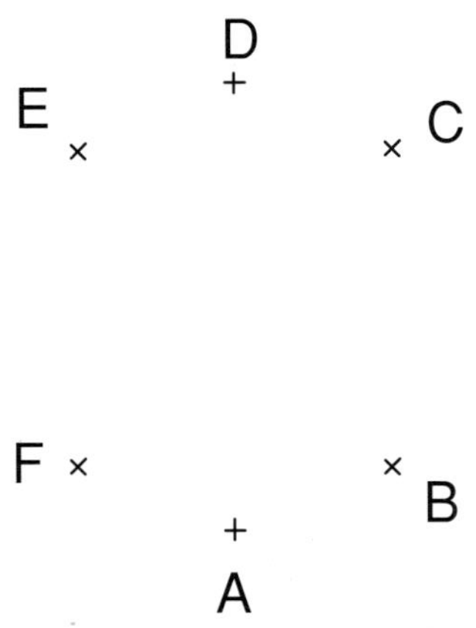

von A aus: ___ Strecken
von B aus: ___ Strecken
von C aus: ___ Strecken
von D aus: ___ Strecken
von E aus: ___ Strecken
von F aus: ___ Strecken

insgesamt: ___ Strecken

38 3

Buntes Allerlei

Mache einen Knoten in einen Papierstreifen.
Welche Fläche erhältst du?

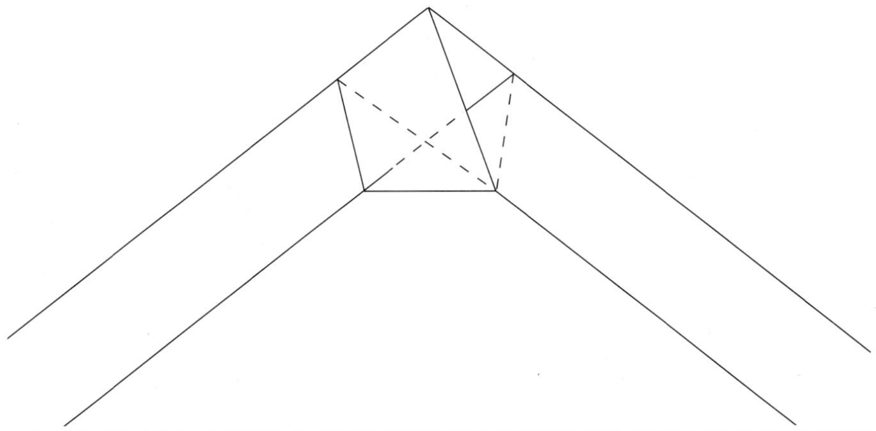

38 2

Buntes Allerlei

Papierfalten: Wie oft kannst du ein A4-Schreibpapier falten?

Geschätzt: ______ -mal

Erreicht: ______ -mal

38 4

Buntes Allerlei

Falte ein rechteckiges Stück Papier.
Schneide entlang den Diagonalen. Wie viele Stücke erhältst du?

Geschätzt: ______ Stücke

Erreicht: ______ Stücke

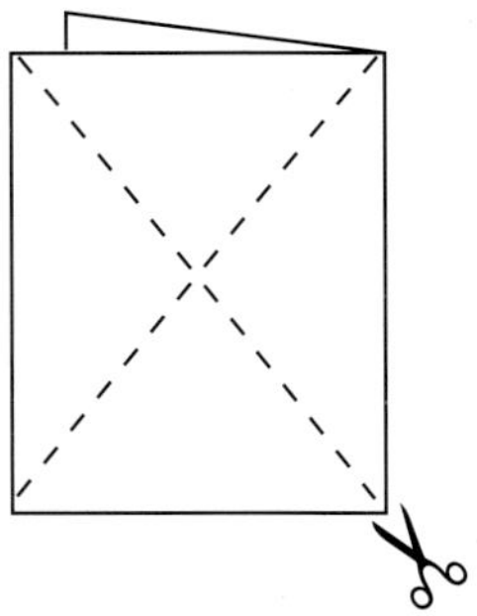

39 **1**

Stapeleien

Würfel-Turm: Wie hoch wird der Turm?
Wie viele Würfel werden gebraucht?

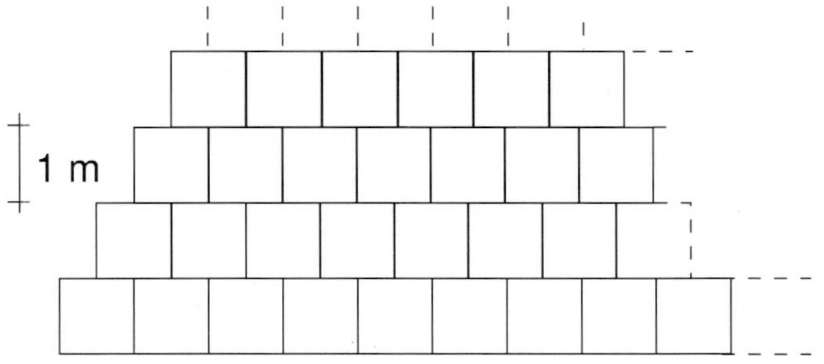

Spitze: 1

Fundament: 12

Höhe: ____ m

Würfel: ____

39 **3**

Stapeleien

Eckturm:
Wie viele Würfel brauchst du?

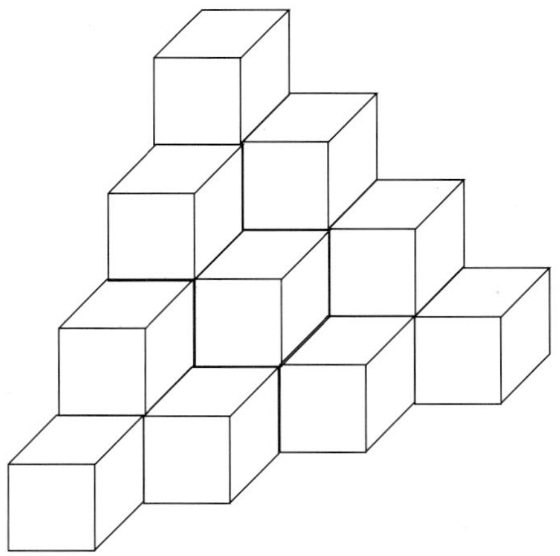

Würfel: ____

39 **2**

Röhren-Stapel

Wie viele Röhren sind gestapelt?
(5 Reihen, die unterste Reihe enthält 12 Röhren.)

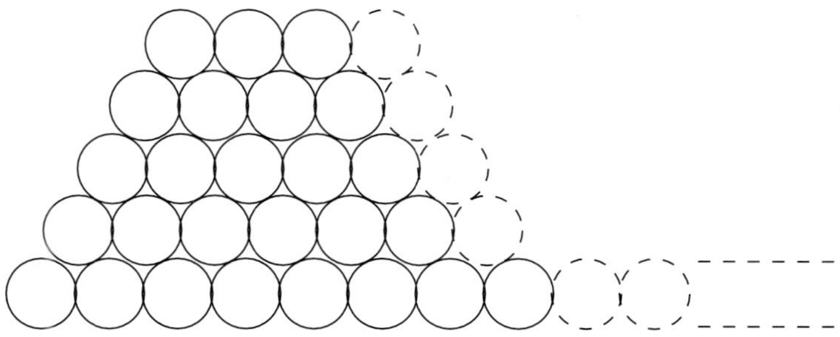

Röhren: ______

39 **4**

Stapeleien

Kugelpyramide:
Wie viele Kugeln brauchst du?

Grundfläche

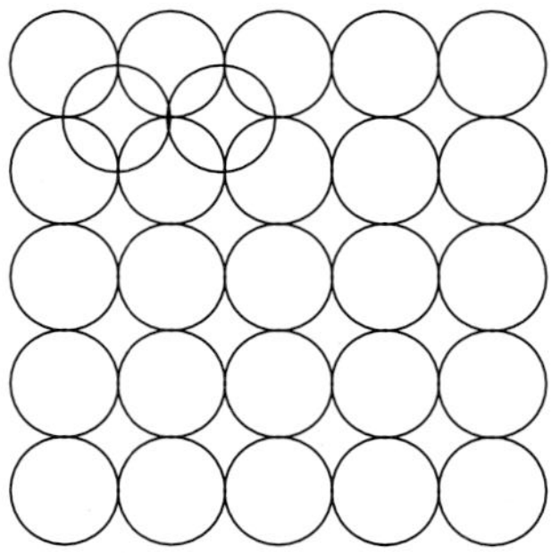

Seitenriss

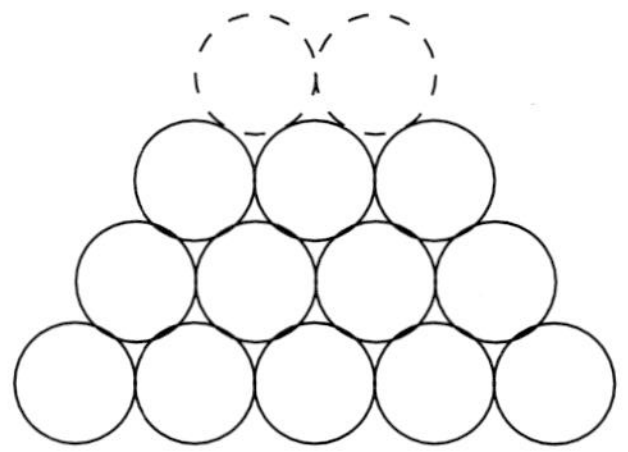

Kugeln: ____

Bd. 326. Gerold Guggenbühl: Blitz-Übungen Mathematik

Persen ® Bergedorfer ®
Best.-Nr. 2389

1

Räderwerk

Wie musst du die Kurbel drehen, damit die Last (L) gehoben wird?

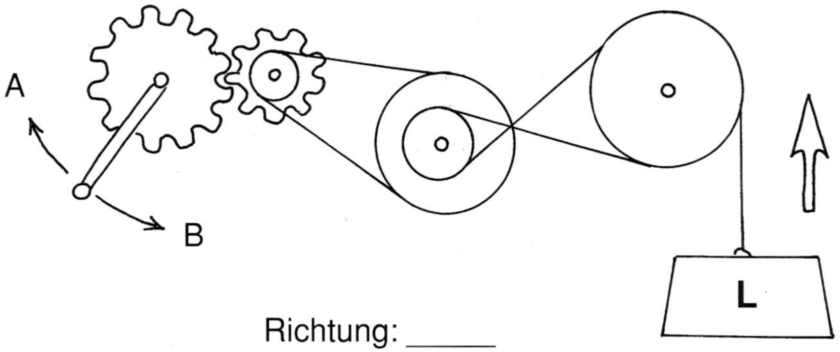

Richtung: _____

2

Räderwerk

Wie drehen sich die Zahnräder dieses Getriebes?

Uhrzeigersinn: (U. Z. S.)
Gegenuhrzeigersinn: (G. U. Z. S.)

1. Rad im	5. Rad	10. Rad	13. Rad
U. Z. S.			

3

Räderwerk

Du drehst am großen Zahnrad.
Wie bewegt sich das kleine Rad?

gr. Rad	kl. Rad
1 Umdr.	___ Umdr.
3 Umdr.	___ Umdr.
10 Umdr.	___ Umdr.

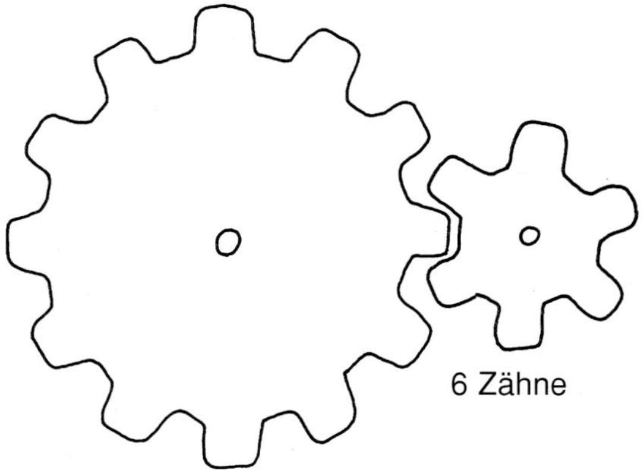

4

Räderwerk

Du drehst am kleinen Zahnrad.
Wie bewegt sich das große Rad?

kl. Rad	gr. Rad
1 Umdr.	___ Umdr.
2 Umdr.	___ Umdr.
10 Umdr.	___ Umdr.

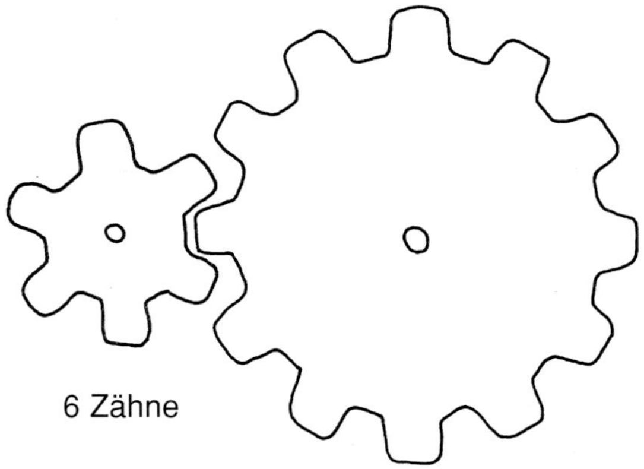

Persen ® Bergedorfer ® Best.-Nr. 2389

Rund um das Jahr

Welche Jahre waren keine Schaltjahre?

1924 1888 1714 1860 1952 1604 1996

Rund um das Jahr

Wie viele Tage hatten die Jahre 1959, 1960 und 1961 zusammen?

1959 ____ Tage

1960 ____ Tage

1961 ____ Tage

____ Tage

Rund um das Jahr

Wie viele Tage hatten die Monate Januar, Februar und März im Jahre 1992?

Januar ____ Tage

Februar ____ Tage

März ____ Tage

____ Tage

Rund um das Jahr

Welche drei aufeinander folgende Monate haben zusammen 92 Tage? (Mehrere Möglichkeiten.)

Januar Februar März April Mai Juni Juli August September Oktober November Dezember

Bergedorfer® Best.-Nr. 2389

Rechenrätsel

Wie heißt die Zahl?

- Welche Zahl erhältst du, wenn du das 3-Fache von 225 von 1000 subtrahierst?

  Zahl: ______

- Welche Zahl erhältst du, wenn du das 4-Fache von 233 von 1000 subtrahierst?

  Zahl: ______

Rechenrätsel

Welche Zahl ist größer?

- Welche Zahl ist größer?
  a) das 3-Fache von 156
  b) das Doppelte von 276 ______

- Welche Zahl ist größer?
  a) das Doppelte von 436
  b) das 3-Fache von 291 ______

Kreuzzahl-Rätsel

Rechne die Aufgaben und trage die Ergebnisse ein.

waagerecht

1.) 125 : 5
3.) 1000 : 125
4.) 225 : 15
6.) 54 : 2
7.) 98 : 2
9.) 4 · 39

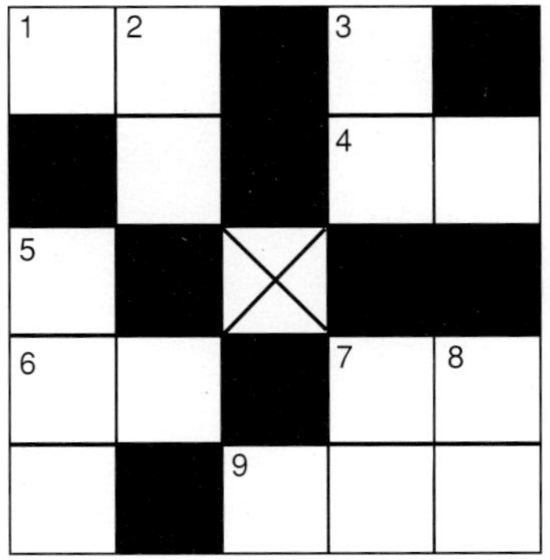

senkrecht

2.) 110 : 2
3.) 9 · 9
5.) 15 · 15
7.) 180 : 4
8.) 192 : 2

Zahlenrätsel

Gleiches Symbol bedeutet gleiche Zahl!

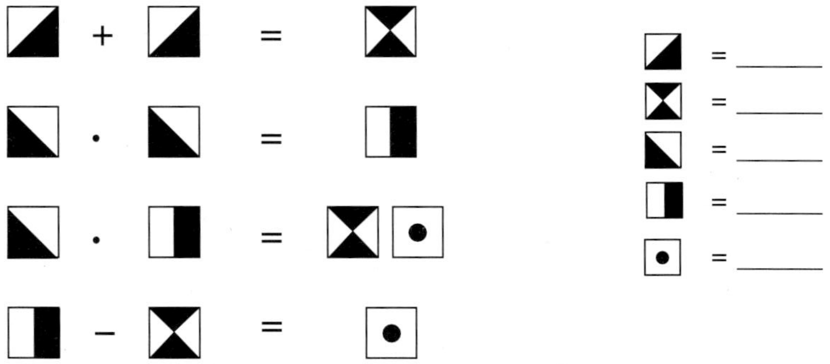

Persen® Bergedorfer® Best.-Nr. 2389

Rechenrätsel

Wie heißt die Zahl?

- Wenn ich zur gedachten Zahl 3 dazuzähle, dann das Ganze durch 4 teile, erhalte ich 12.

  Zahl: ____

- Wenn ich die gedachte Zahl verdreifache, davon 30 abziehe, erhalte ich ein Viertel von 60.

  Zahl: ____

Rechenrätsel

Wie alt sind sie?

Mein Großvater möchte gerne 100 Jahre alt werden. Dies wird allerdings erst in 40 Jahren der Fall sein. Seine Tochter ist 20 Jahre älter als seine Enkelin. Diese ist genau ein Viertel so alt wie der Großvater.

Großvater: ____ Enkelin: ____ Tochter: ____

Rechenrätsel

Wie heißt die Zahl?

- Welche Zahl erhältst du, wenn du das Doppelte von 376 von 1000 subtrahierst?

  Zahl: ______

- Welche Zahl erhältst du, wenn du das Doppelte von 256 zu dem Doppelten von 316 addierst?

  Zahl: ______

Rechenrätsel

Wie heißt die Zahl?

- Meine gedachte Zahl ist das 18-Fache von 315.

  Zahl: ______

- Meine gedachte Zahl ist der 17. Teil von 442.

  Zahl: ______

Persen ® Bergedorfer ® Best.-Nr. 2389

Kreuzzahl-Rätsel

Rechne die Aufgaben
und trage die Ergebnisse ein.

waagerecht

1.) 5 · 5 · 5

4.) 3 · 6 · 8

6.) 5 · 5 · 9

8.) 6 · 7 · 8

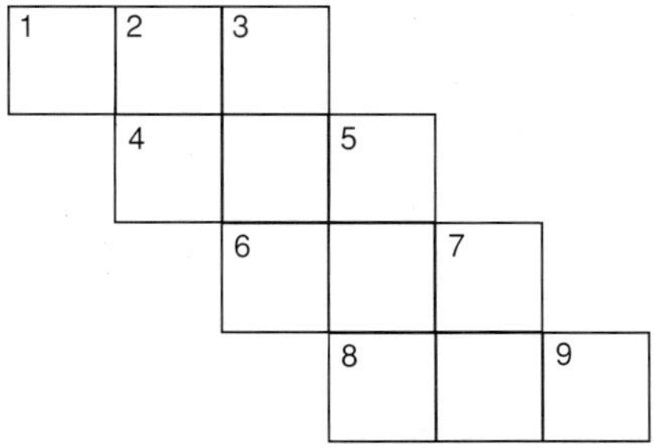

senkrecht

2.) 84 : 4

3.) 2 · 271

5.) 47 · 9

7.) 106 : 2

9.) 150 : 25

Kreuzzahl-Rätsel

Rechne die Aufgaben
und trage die Ergebnisse ein.

waagerecht

1.) 3 · 4 · 12

4.) 4 · 5 · 11

6.) 5 · 6 · 8

7.) 5 · 8 · 9

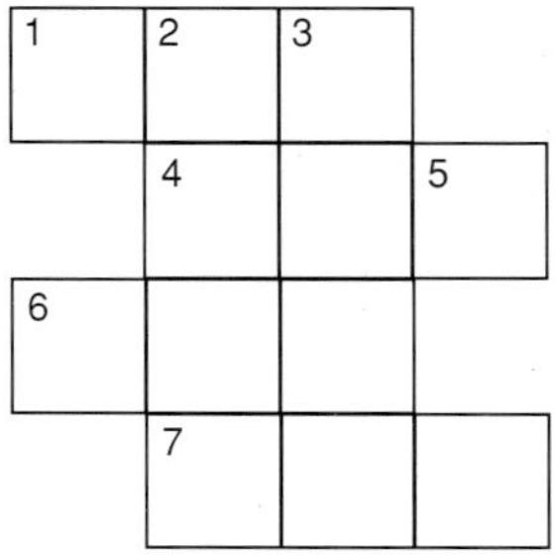

senkrecht

2.) 8486 : 2

3.) 3 · 1402

5.) 0 · 444

6.) 56 : 28

Kreuzzahl-Rätsel

Rechne die Aufgaben
und trage die Ergebnisse ein.

waagerecht

1.) 4 · 4 · 9

4.) 3 · 4 · 9

6.) 4 · 7 · 8

8.) 8 · 51

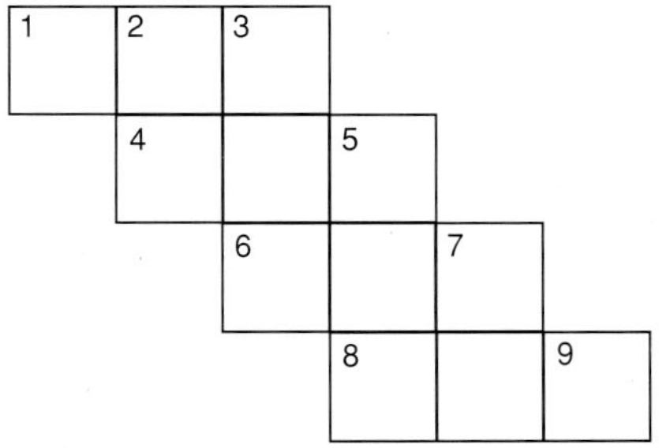

senkrecht

2.) 164 : 4

3.) 804 : 2

5.) 8 · 103

7.) 160 : 4

9.) 96 : 12

Kreuzzahl-Rätsel

Rechne die Aufgaben
und trage die Ergebnisse ein.

waagerecht

1.) 2 · 8 · 8

4.) 4 · 7 · 8

6.) 4 · 5 · 25

7.) 2 · 4 · 25

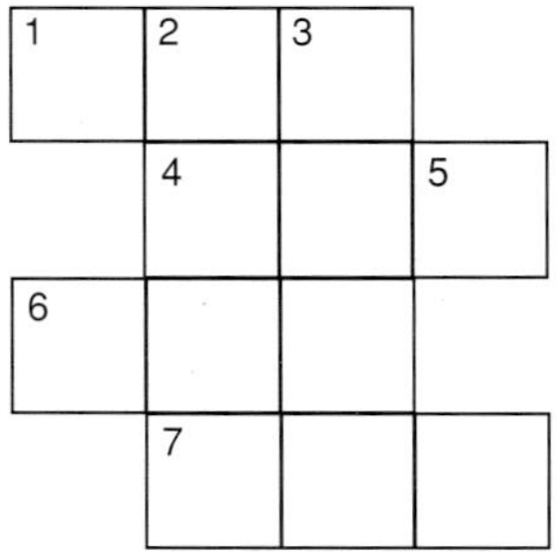

senkrecht

2.) 2 · 1101

3.) 4 · 2050

5.) 500 : 125

6.) 25 : 5

Seite 1

1. 7 · 8 = 56
   6 · 9 = 54
   9 · 9 = 81
   7 · 4 = 28
   8 · 8 = 64
   9 · 7 = 63
   6 · 8 = 48
   7 · 7 = 49
   5 · 7 = 35

2. 63 : 9 = 7
   72 : 8 = 9
   64 : 8 = 8
   42 : 7 = 6
   35 : 7 = 5
   28 : 7 = 4
   27 : 9 = 3
   77 : 7 = 11
   18 : 9 = 2

3. 7 · 6 = 42
   5 · 9 = 45
   7 · 7 = 49
   2 · 9 = 18
   3 · 9 = 27
   9 · 8 = 72
   6 · 6 = 36
   8 · 7 = 56
   9 · 6 = 54

4. 60 : 5 = 12
   88 : 8 = 11
   16 : 8 = 2
   49 : 7 = 7
   64 : 8 = 8
   36 : 6 = 6
   48 : 12 = 4
   45 : 15 = 3
   81 : 9 = 9

Seite 2

1. 21637, 2. 80561, 3. 63245, 4. 32647

Seite 3

1. 249, 315, 417, 531, 672, 771
2. 328, 448, 536, 648
3. 95, 165, 255, 310, 405, 665, 705
4. 208, 312, 510, 600, 808

Seite 4

Zum Beispiel:

1. *18* · *32* = 9 · 64 = 576
   12 · *33* = 6 · 66 = 396
   16 · *19* = 8 · 38 = 304
   18 · *21* = 9 · 42 = 378

2. *12* · *34* = 6 · 68 = 408
   15 · *32* = 5 · 96 = 480
   16 · *22* = 4 · 88 = 352
   18 · *36* = 6 · 108 = 648

3. *24* · *25* = 6 · 100 = 600
   18 · *22* = 6 · 66 = 396
   15 · *20* = 3 · 100 = 300
   12 · *32* = 3 · 128 = 384

4. *25* · *22* = 5 · 110 = 550
   18 · *12* = 3 · 72 = 216
   12 · *15* = 3 · 60 = 180
   14 · *13* = 2 · 91 = 182

Seite 5

Das kleinste gemeinsame Vielfache

1. (022) 18 24 16: 11 · 2, 9 · 2, 12 · 2, 8 · 2
   (077) 42 14 49: 11 · 7, 6 · 7, 2 · 7, 7 · 7
   (018) 99 54 63: 2 · 9, 11 · 9, 6 · 9, 7 · 9
   (022) 12 06 18: 11 · 2, 6 · 2, 3 · 2, 9 · 2
   (030) 66 12 36: 5 · 6, 11 · 6, 2 · 6, 6 · 6

Seite 5

2. (033) 44 55 99: 3 · 11, 4 · 11, 5 · 11, 9 · 11
   (048) 64 80 72: 6 · 8, 8 · 8, 10 · 8, 9 · 8
   (015) 45 30 60: 1 · 15, 3 · 15, 2 · 15, 4 · 15
   (040) 24 36 44: 10 · 4, 6 · 4, 9 · 4, 11 · 4
   (012) 16 14 18: 6 · 2, 8 · 2, 7 · 2, 9 · 2

3. (018) 15 21 12: 6 · 3, 5 · 3, 7 · 3, 4 · 3
   (016) 24 28 36: 4 · 4, 6 · 4, 7 · 4, 9 · 4
   (021) 77 14 56: 3 · 7, 11 · 7, 2 · 7, 8 · 7
   (024) 36 48 12: 4 · 6, 6 · 6, 8 · 6, 2 · 6
   (049) 77 56 14: 7 · 7, 11 · 7, 8 · 7, 2 · 7

4. (088) 16 24 32: 11 · 8, 2 · 8, 3 · 8, 4 · 8
   (014) 77 21 35: 2 · 7, 11 · 7, 3 · 7, 5 · 7
   (022) 14 08 16: 11 · 2, 7 · 2, 4 · 2, 8 · 2
   (025) 50 75 25: 5 · 5, 10 · 5, 15 · 5, 5 · 5
   (016) 88 72 64: 2 · 8, 11 · 8, 9 · 8, 8 · 8

Seite 6

1. Merktechnik: Quadratzahlen von 4–100.
2. Merktechnik: gerade Zahlen von 16–38.
3. Merktechnik: ungerade Zahlen von 3–25.
4. Merktechnik: Primzahlen von 11–47.

Seite 7

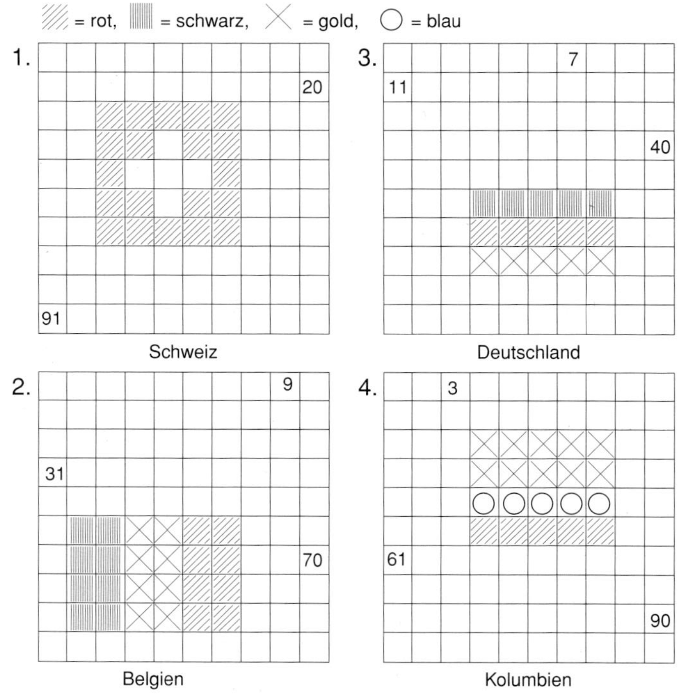

Seite 17

1.
17
8 9
5 3 6
3 2 1 5

2.
2000
1100 900
600 500 400
200 400 100 300

3.
27
14 13
8 6 7
6 2 4 3

4.
290
120 170
40 80 90
10 30 50 40

Seite 18

1.
38
21 17
13 8 9
8 5 3 6
5 3 2 1 5

2.
370
180 190
80 100 90
30 50 50 40
20 10 40 10 30

3.
55
27 28
14 13 15
8 6 7 8
6 2 4 3 5

4.
480
240 240
110 130 110
40 70 60 50
10 30 40 20 30

Seite 19

1.
100 60 80 45 90
40 20 35 45
20 15 10
5 5
0

2.
100 600 1000 400 200
500 400 600 200
100 200 400
100 200
100

3.
80 30 100 20 60
50 70 80 40
20 10 40
10 30
20

4.
250 100 40 20 100
150 60 20 80
90 40 60
50 20
30

Seite 20

1.
9 3 5 10
6 2 5
4 3
1

2.
80 40 100 70
40 60 30
20 30
10

3.
12 6 15 7
6 9 8
3 1
2

4.
700 1000 600 400
300 400 200
100 200
100

Seite 21

1. 35 - 28 = 7
2. 84 - 79 = 5
3. 165 - 78 = 87
4. 107 - 56 = 51

Seite 22

1.	2.	3.	4.
456	768	1728	24300
1140	2080	1568	26400
832	1560	2304	45300
1170	2870	2050	68400
3598	*7278*	*7650*	*164400*

Seite 23

1. (6 + 4) + (2 + 8) + (5 + 5) = 30
   (3 + 7) + (4 + 6) + (9 + 1) = 30
   (8 + 2) + (4 + 6) + (3 + 7) = 30
2. (20 + 80) + (40 + 60) + (70 + 30) = 300
   (45 + 55) + (25 + 75) + (65 + 35) = 300
   (16 + 84) + (72 + 28) + (53 + 47) = 300
3. (160 + 840) + (250 + 750) + 300 = 2300
   (530 + 470) + (270 + 730) + 190 = 2190
   (690 + 310) + (280 + 720) + 540 = 2540
   (320 + 680) + (190 + 810) + 500 = 2500
4. (80 cm + 20 cm) + (40 cm + 60 cm) = 200 cm
   (600 kg + 400 kg) + (300 kg + 700 kg) = 2000 kg
   (25 l + 75 l) (+ 85 l + 15 l) = 200 l
   (930 m + 70 m) + (680 m + 320 m) = 2000 m

Seite 24

Zum Beispiel:
1. 50 l + 10 l + 12 l + 8 l + $10\frac{1}{2}$ l + $4\frac{1}{2}$ l + 4 l + 1 l = 100 l = 1 hl
2. 300 kg + 160 kg + 250 kg + (3 · 50 kg) + 120 kg + 20 kg = 1000 kg = 1 t
3. 250 g + 250 g + 250 g + 150 g + 100 g = 1000 g = 1 kg
4. 30 cm + 30 cm + 21 cm + 12 cm + 7 cm = 100 cm = 1 m

Seite 25

1. 250 g 2. 150 g 3. 100 g 4. 150 g

Seite 8

1. 3 · 21 = 63 + 37 = 100 - 19 = 81 : 9 = 9 · 12 = 108 : 2 = 54 : 9 = 6 · 25 = 150
2. 3 · 18 = 54 + 46 = 100 - 51 = 49 : 7 = 7 · 12 = 84 + 16 = 100 : 10 = 10
3. 9 + 17 = 26 + 24 = 50 + 50 = 100 - 75 = 25 - 9 = 16 + 34 = 50 + 70 = 120 - 60 = 60
4. 20 - 13 = 7 + 3 = 10 · 10 = 100 : 4 = 25 · 3 = 75 : 5 = 15 · 4 = 60

Seite 9

1. (9 - 3) · 5 : 2 = 15
2. (9 · 3 + 6) : 3 = 11
3. (8 + 7) : 3 · 8 = 40
4. (10 : 2 + 7) · 4 = 48

Seite 10

1. 3 · 5 = 15 + 9 = 24 : 6 = 4 · 12 = 48 + 2 = 50 · 2 = 100 : 10 = 10 · 12 = 120
2. 36 - 8 = 28 : 7 = 4 · 12 = 48 + 6 = 54 : 9 = 6 · 8 = 48 : 8 = 6 · 15 = 90
3. 81 : 9 = 9 - 4 = 5 · 5 = 25 + 25 = 50 - 8 = 42 : 6 = 7 · 7 = 49 + 51 = 100
4. 56 : 2 = 28 · 3 = 84 : 2 = 42 - 7 = 35 - 15 = 20 : 4 = 5 · 12 = 60 : 4 = 15 · 5 = 75

Seite 11

1. 3 · 18 = 6 · 9 — 96 : 2 < 7 · 7
   5 · 7 < 72 : 2 — 8 · 8 < 130 · 2
   9 · 9 < 2 · 41 — 2 · 36 = 8 · 9
2. 4 · 19 > 9 · 8 — 6 · 15 = 450 : 5
   5 · 24 = 480 : 4 — 144 : 3 < 7 · 7
   6 · 18 < 360 : 3 — 5 · 25 < 2 · 63
3. 162 : 2 = 9 · 9 — 3 · 18 = 9 · 6
   154 : 2 > 7 · 7 — 4 · 12 = 3 · 16
   300 : 4 = 5 · 15 — 5 · 21 > 9 · 8
4. (4 · 48) + 24 > (810 : 90) + 30
   (2 · 36) · 2 < (450 : 5) + (120 : 2)
   (3 · 35) · 4 = 6 · (280 : 4)

Seite 12

1. gerade Zahlen: 11
   ungerade Zahlen rückwärts: 62
   10er-Schritte: 90
   8er-Reihe rückwärts: 66
   3er-Reihe: 35
2. Quadratzahlen: 58
   Primzahlen: 36
   20er-Reihe: 50
   125er-Reihe rückwärts: 350
3. 15er-Reihe: 80 — 90
   7er-Reihe: 45 — 49
   12er-Reihe: 50 — 60
   Quadratzahlen: 91 — 81
4. 25er-Reihe rückwärts: 60 — 50
   13er-Reihe: 77 — 78
   20er-Reihe rückwärts: 950 — 940
   80er-Reihe rückwärts: 380 — 400

Seite 13

1. 12er-Reihe: 62
   9er-Reihe: 107
   15er-Reihe rückwärts: 80
   25er-Reihe: 90
2. (· 2): 100
   (+ 3/· 3): 180
   (+ 1/ + 2/ + 3/ ...): 31
   11er-Reihe rückwärts: 56
3. Quadratzahlen: 40
   Primzahlen: 14
   (· 3): 152
   125er-Reihe rückwärts: 755
4. Längenmaße: 3 kg
   Zeiten: 4 mm
   Gewichte: 270 km
   Hohlmaße: 16 dm

Seite 14

1. gerade Zahlen: 34
   ungerade Zahlen rückwärts: 77, 75
   4er-Reihe: 48, 52
   (+ 1/ + 2/ + 3/ ...): 51, 60
2. 5er-Reihe: 55, 60
   (· 2): 64, 512
   7er-Reihe rückwärts: 49, 28
   (- 9/ - 8/ - 7/ ...): 63, 51
3. (- 2/ + 3): 47, 45
   (+ 1/ + 2/ + 3/...): 42, 50
   (- 2/ · 2): 108,106
   (+ 2/ · 2/ - 2): 24, 48
4. Quadratzahlen: 49, 121
   Primzahlen: 29, 31, 43
   (· 3): 243
   (· 2/ - 1): 66, 65

Seite 15

1. Susi: 44 Punkte.
   Hans: 42 Punkte.
2. Doris: 45 Punkte.
   Erika: 45 Punkte.
3. Fritz: 28 Punkte.
   Sara: 40 Punkte.
4. Rolf: 31 Punkte.
   Fred: 32 Punkte.

Seite 16

1. Herr Müller ist 36 Jahre alt.
2. Frau Huber ist 45 Jahre alt.
3. Frau Steiner ist 42 Jahre alt.
4. Herr Scholz ist 44 Jahre alt.

Seite 26

1. Das 1-l-Gefäß füllen.
   Davon 3-mal das 3-dl-Gefäß füllen.
   Es bleibt 1 dl im 1-l-Gefäß übrig.
2. Das 1-hl-Fass füllen.
   Davon 3-mal den 30-l-Eimer füllen.
   Im Fass bleiben genau 10 l übrig.
4. Fülle das $\frac{1}{2}$-l-Gefäß (5 dl).
   Davon 2-mal das 2-dl-Gefäß füllen.
   Es bleibt genau 1 dl übrig.
4. Fülle das 50-l-Gefäß.
   Davon 7-mal das 7-l-Gefäß füllen.
   Es bleibt genau 1 l übrig.

Seite 27

1. 800-m-Lauf: Start A, 2 Runden.
   1500-m-Lauf: Start B, 3 $\frac{3}{4}$ Runden.
   10 000-m-Lauf: Start A, 25 Runden.
2. Herr Müller fährt 19 km.
3. Ursulas Schulweg ist 1100 m lang.
   Karins Schulweg ist 1150 m lang.
   Karin hat den längeren Weg.
4. 8 cm · 25 000 = 200 000 cm = 2 000 m = 2 km
   10 cm · 50 000 = 500 000 cm = 5000 m = 5 km

Seite 28

1.

Das ist ein gleichseitiges Dreieck.

2.

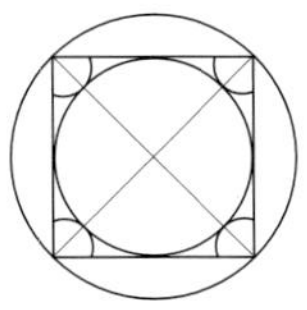

Das ist ein Quadrat.

3.

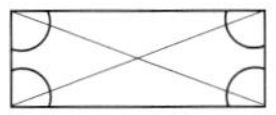

Das ist ein Rechteck.

4.

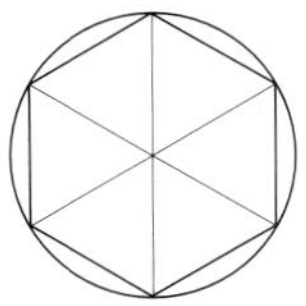

Das ist ein gleichseitiges Sechseck.

Seite 29

1. Die Abbildungen sind spiegelverkehrt.

2.

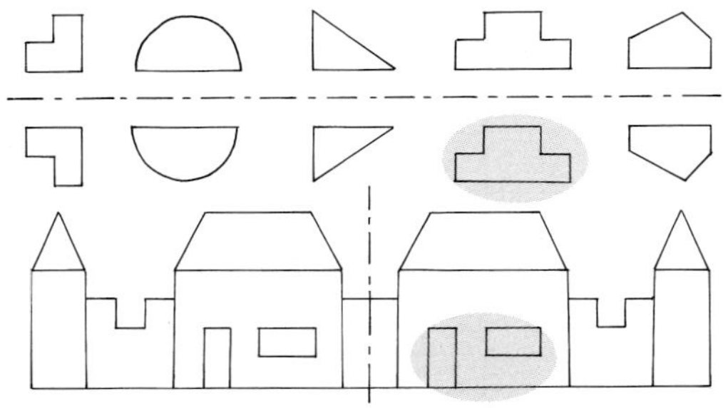

Seite 29

3. Turmfenster, Fahne, Balkon fehlen.

4. A B C D E F G

Seite 30

1.

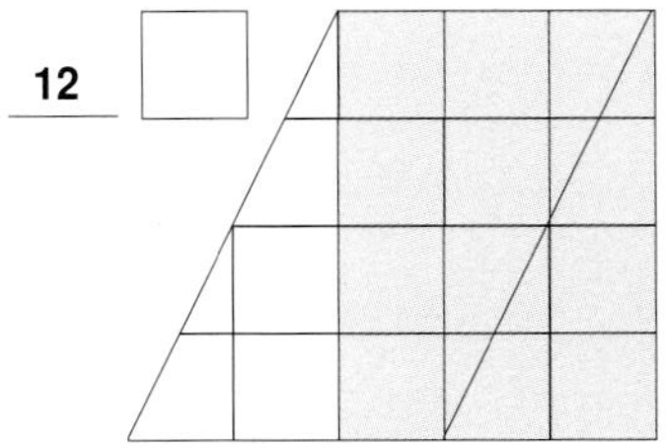

A

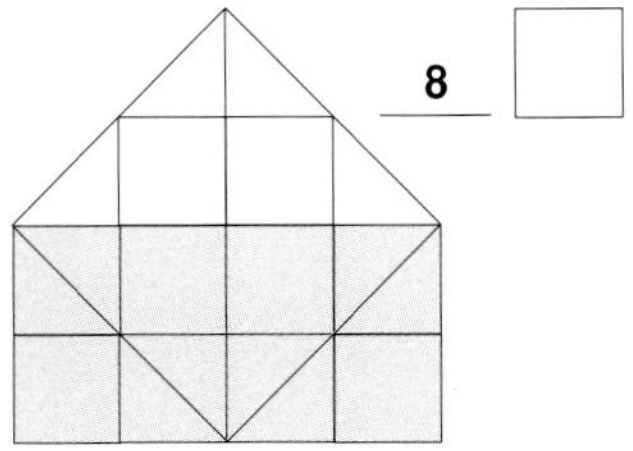

B

2.

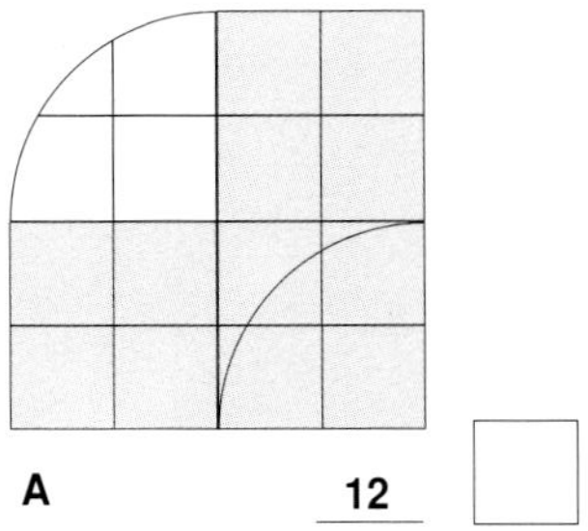

A

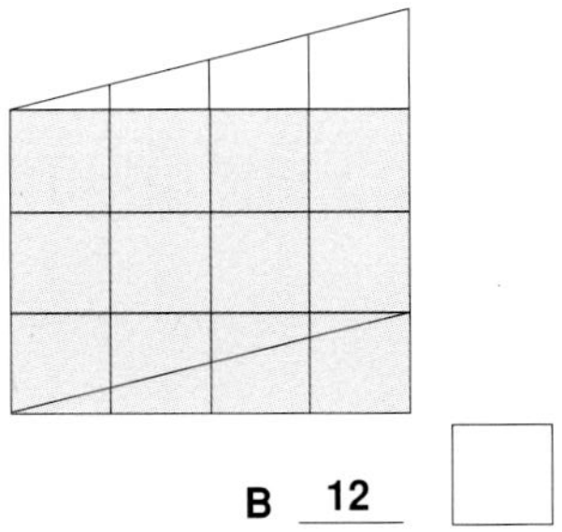

B

3.

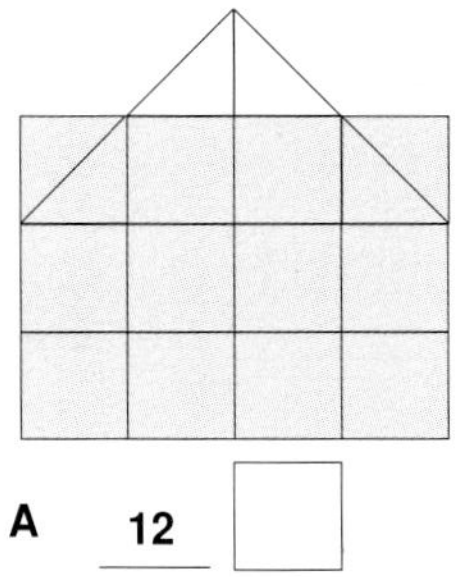

A

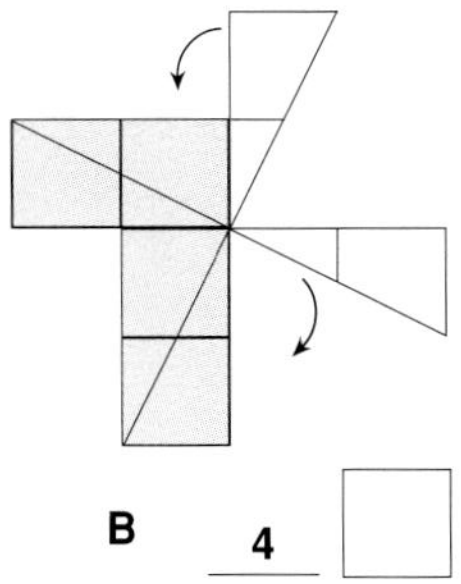

B

Seite 30

4.

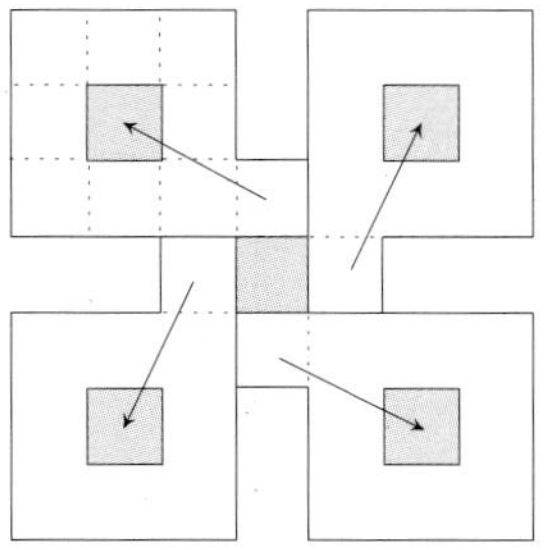

4 · 9 = 36

Seite 31

1. Länge: 2,60 m

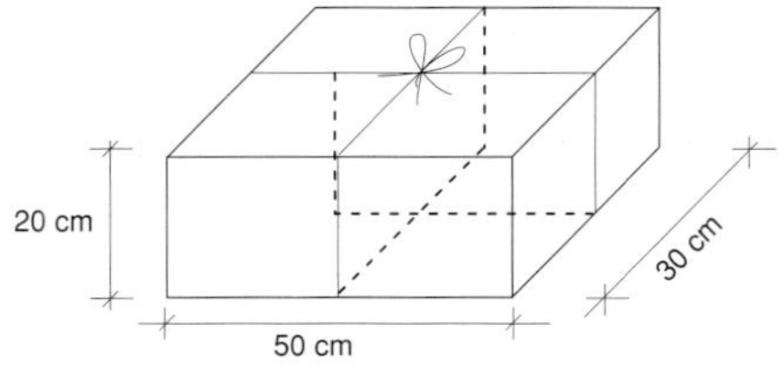

3. Länge: 4 m

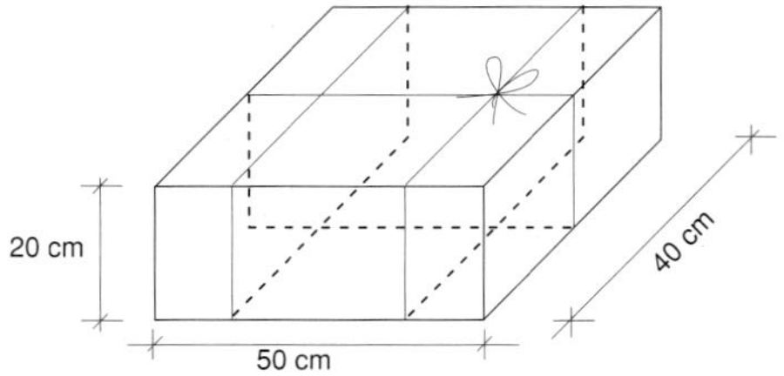

2. Länge: 2,80 m

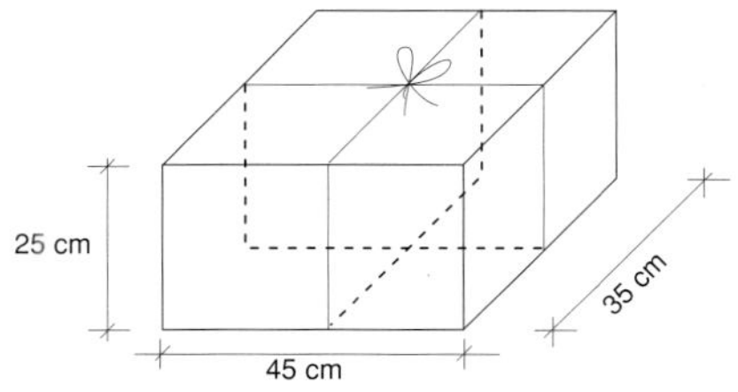

4. Länge: 4,80 m

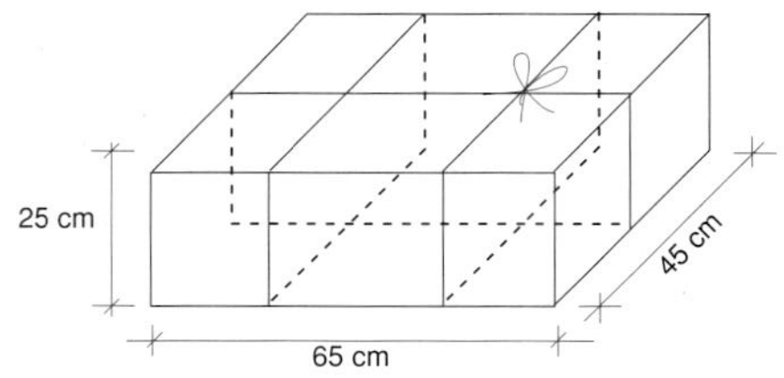

Seite 32

1.

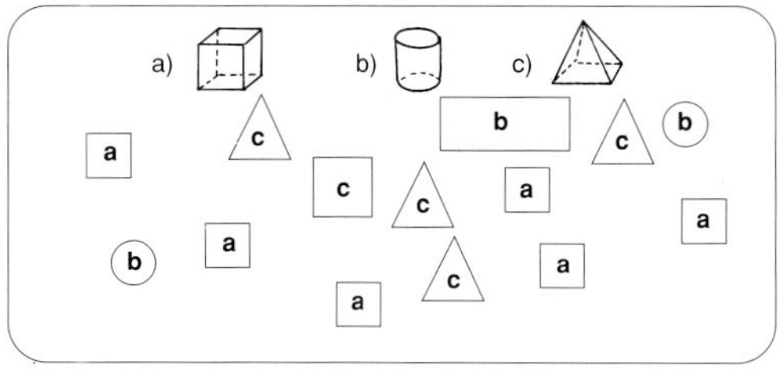

3.

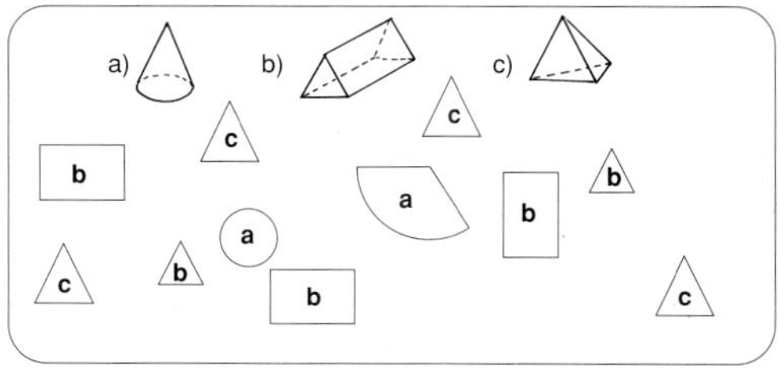

Seite 32

2.

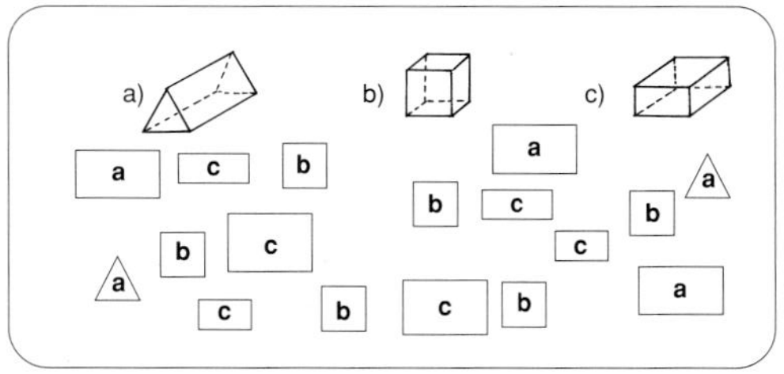

4.

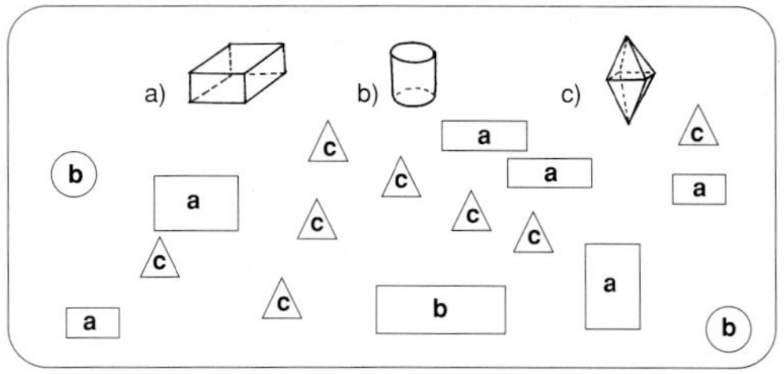

Seite 33

1. K, C
2. A, B/D/E/F/G/H
3. F
4. C, H

Seite 34

1. a) 28 m, b) 28 m
2. Pfähle: 12, Draht: 72 m
3. Fläche: 36 m^2

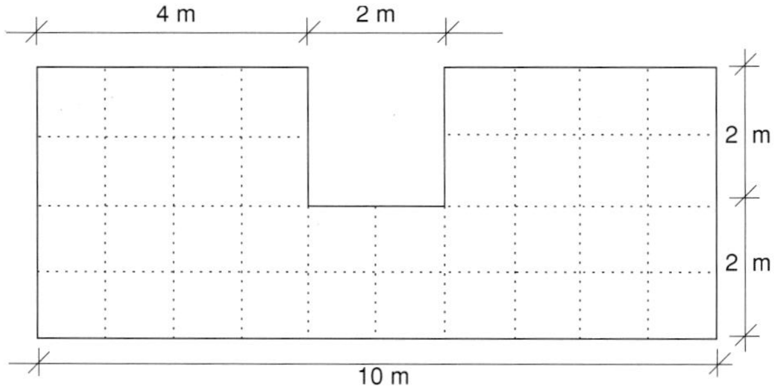

4. a) 30 m^2, b) 30 · 16 Fliesen = 480 Fliesen

Seite 35

1. Anzahl Pappeln: 22
2. Höhe insgesamt: 160 cm
3. Breite insgesamt: 170 cm
4. Teile: 8

Seite 36

1. Würfel D und E (gegenüberliegende Flächen ergeben immer 7 Augen)
2. Augen: 56 (A = 21, B = 15, C = 20)

Seite 36

3. 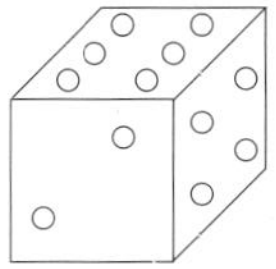

4. Bei A fehlen 4 Augen.
Bei B fehlen 7 Augen.
Bei C fehlen 7 Augen.
Bei D fehlen 7 Augen.
Insgesamt fehlen 25 Augen.

Seite 37

1. Ziegel: 9
2. Dreiecke: 12
3. Stäbe: 4
4. Fliesen: 10

Seite 38

1. von A aus: 5 Strecken
von B aus: 4 Strecken
von C aus 3 Strecken
von D aus 2 Strecken
von E aus 1 Strecke
von F aus 0 Strecken
insgesamt: 15 Strecken

2. 5- oder 6-mal

3. Man erhält ein regelmäßiges Fünfeck.

4. Erreicht: 7 Stücke

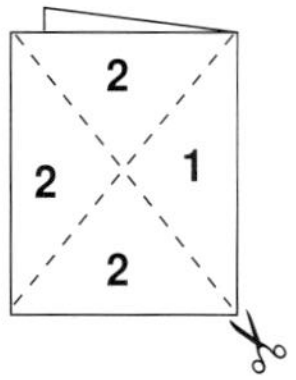

Seite 39

1. Höhe: 12 m, Würfel: 78
2. Röhren: 50
3. Würfel: 20
4. Kugeln: 55

Seite 40

1. Richtung B

2.

1. Rad im	5. Rad	10. Rad	13. Rad
U.Z.S.	U.Z.S	G.U.Z.S	U.Z.S.

3.

gr. Rad	kl. Rad
1 Umdr.	2 Umdr.
3 Umdr.	6 Umdr.
10 Umdr.	20 Umdr.

4.

kl. Rad	gr. Rad
1 Umdr.	$\frac{1}{2}$ Umdr.
2 Umdr.	1 Umdr.
10 Umdr.	5 Umdr.

Seite 41

1. 1714

2. 1959: 365 Tage
1960: 366 Tage
1961: 365 Tage
1096 Tage

3. Januar: 31 Tage
Februar: 29 Tage
März: 31 Tage
91 Tage

4. Zum Beispiel: November, Dezember, Januar;
Juni, Juli, August;
Juli, August, September.

Seite 42

1. Zahl: 325, Zahl: 68

2. b), b)

3. 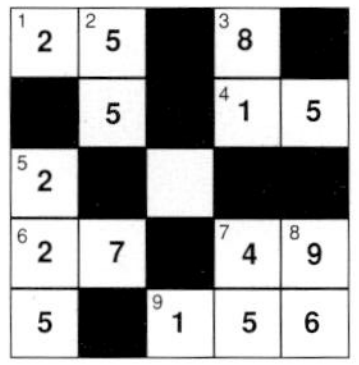

4. 1 + 1 = 2  = 1,  = 2,  = 3,
3 · 3 = 9
3 · 9 = 27  = 9,  = 7
9 - 2 = 7

Seite 43

1. Zahl: 45, Zahl: 15
2. Großvater: 60, Tochter: 35, Enkelin: 15
3. Zahl: 248, Zahl: 1144
4. Zahl: 5670, Zahl: 26

Seite 44

1. 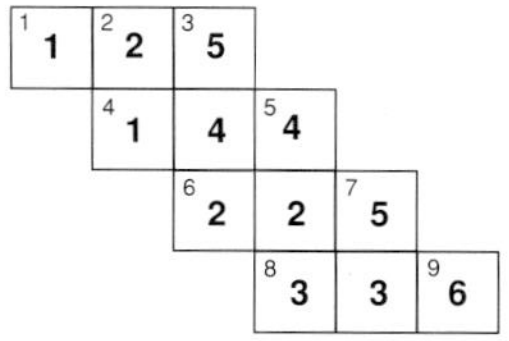

2. 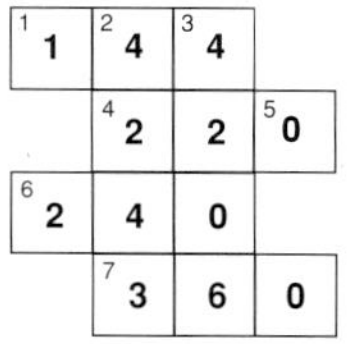

3. 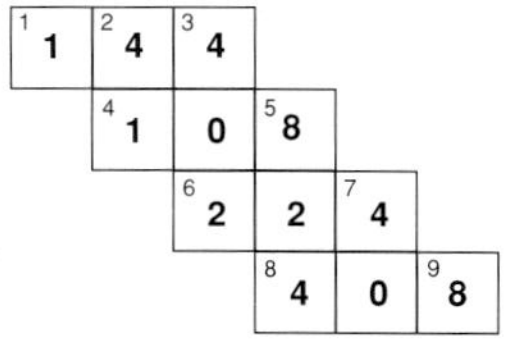

4. 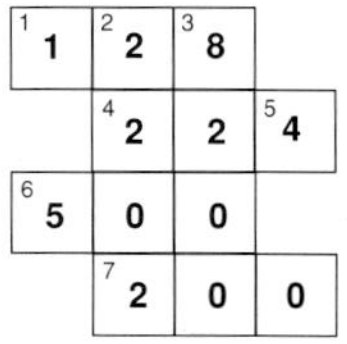

Rechentrick

Dividiere und multipliziere die Faktoren:
: 2 / · 2 oder : 3 / · 3 oder : 4 / · 4 usw.

Rechne:
z. B. 18 · 32
(: 2) (· 2)
9 · 64

18 · 32 = 9 · 64 =

12 · 33 = 6 ·

16 · 19 =

18 · 21 =

Rechentrick

Dividiere und multipliziere die Faktoren:
: 2 / · 2 oder : 3 / · 3 oder : 4 / · 4 usw.

12 · 34 = 6 · 68 =

15 · 32 = 5 · =

16 · 22 =

18 · 36 =

Rechentrick

Dividiere und multipliziere die Faktoren:
: 2 / · 2 oder : 3 / · 3 oder : 4 / · 4 usw.

24 · 25 = 6 · =

18 · 22 =

15 · 20 =

12 · 32 =

Rechentrick

Dividiere und multipliziere die Faktoren:
: 2 / · 2 oder : 3 / · 3 oder : 4 / · 4 usw.

25 · 22 = 5 · =

18 · 12 =

12 · 15 =

14 · 13 =

Persen Bergedorfer®
Best.-Nr. 2389

Telefonnummern

Mit einem Trick kannst du dir lange Telefonnummern merken.

z. B. (055)	45	15	20
11·5	9·5	3·5	4·5

(022) 18 24 16

(077) 42 14 49

(018) 99 54 63

(022) 12 06 18

(030) 66 12 36

Telefonnummern

Mit einem Trick kannst du dir lange Telefonnummern merken.

(033) 44 55 99

(048) 64 80 72

(015) 45 30 60

(012) 16 14 18

(040) 24 36 44

Telefonnummern

Mit einem Trick kannst du dir lange Telefonnummern merken.

(018) 15 21 12

(016) 24 28 36

(021) 77 14 56

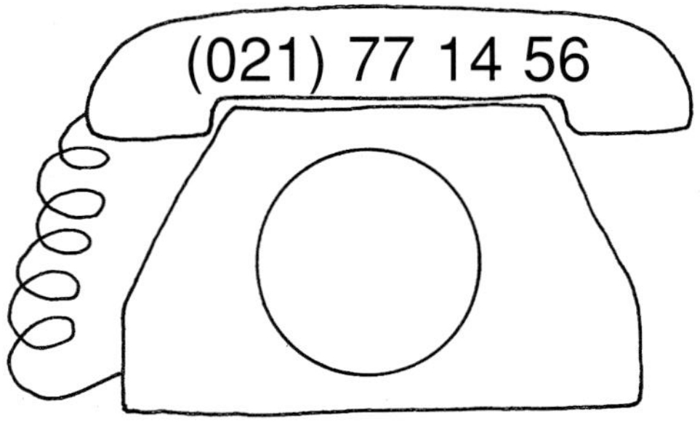

(024) 36 48 12

(049) 77 56 14

Telefonnummern

Mit einem Trick kannst du dir lange Telefonnummern merken.

(014) 77 21 35

(088) 16 24 32

(022) 14 08 16

(016) 88 72 64

(025) 50 75 25

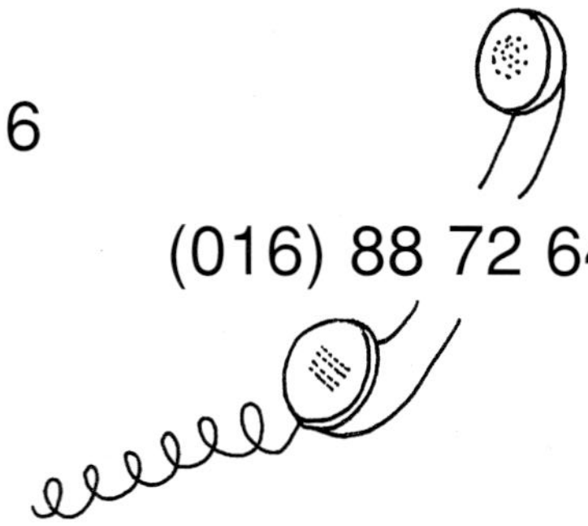

Persen ® Bergedorfer ® Best.-Nr. 2389

6 — 1

Merktraining

Wie kannst du dir die Zahlen
in 30 Sekunden merken? (Merktechnik!)

81 9 49

16 64

25

36 4 100

6 — 2

Merktraining

Wie kannst du dir die Zahlen
in 30 Sekunden merken? (Merktechnik!)

16 22 36 28

32 18

20 38

26

24 34 30

6 — 3

Merktraining

Wie kannst du dir die Zahlen
in 30 Sekunden merken? (Merktechnik!)

3 17 9 21

5

11 25 13

23 15 7 19

6 — 4

Merktraining

Wie kannst du dir die Zahlen
in 30 Sekunden merken? (Merktechnik!)

23 41 19

37 13 43

29 17

11 47 31

Persen Bergedorfer® Best.-Nr. 2389

Segelregatta

Segele von Aufgabe zu Aufgabe bis ans Ziel.

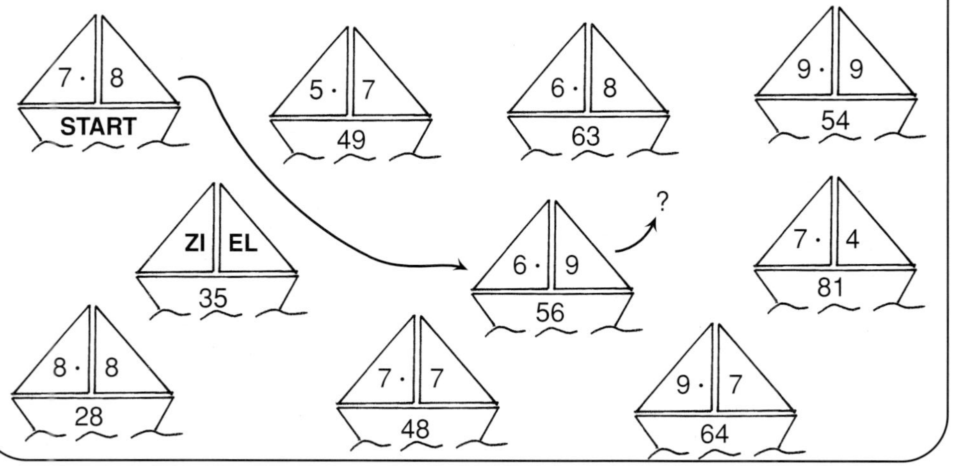

Segelregatta

Segele von Aufgabe zu Aufgabe bis ans Ziel.

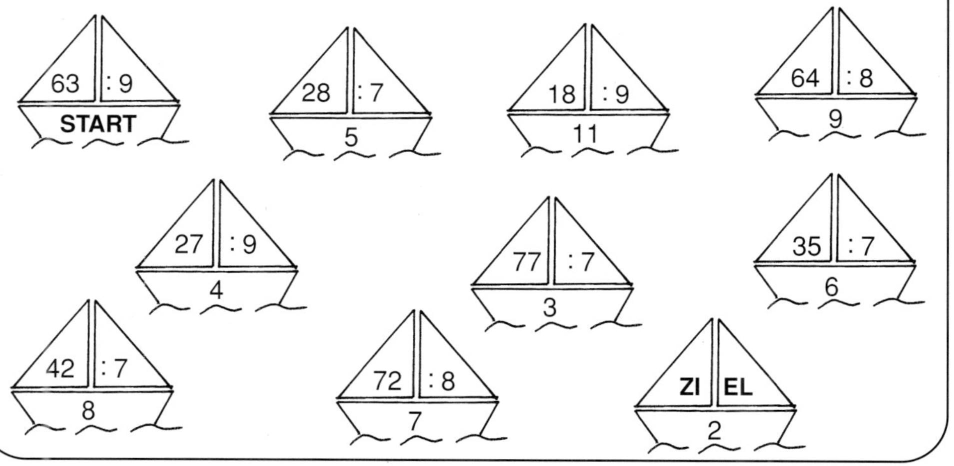

Segelregatta

Segele von Aufgabe zu Aufgabe bis ans Ziel.

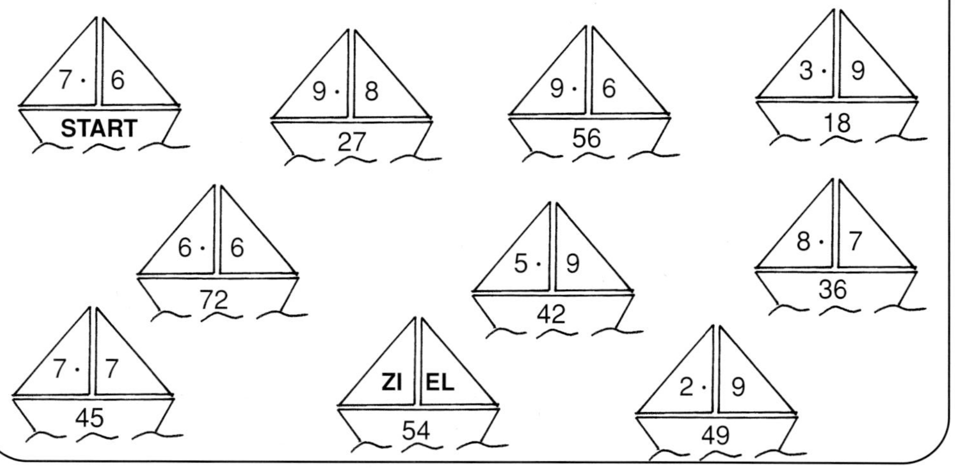

Segelregatta

Segele von Aufgabe zu Aufgabe bis ans Ziel.

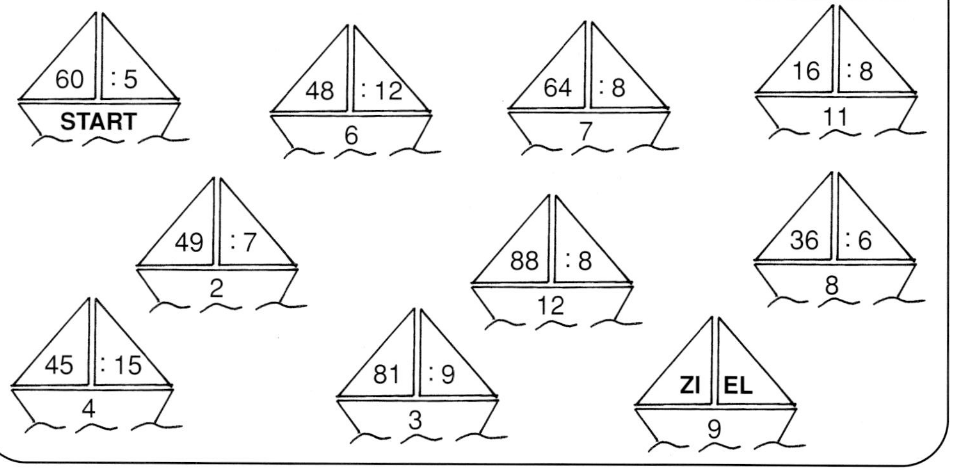

2 **1**

Postleitzahl

Rechne die Aufgaben und finde die Postleitzahl.

1650 : 550

780 : 130

1470 : 210

12360 : 12360

1700 : 850

2 **2**

Postleitzahl

Rechne die Aufgaben und finde die Postleitzahl.

17656 : 17656

104 : 13

625 : 125

1 · 2 · 3 · 4 · 0

186 : 31

2 **3**

Postleitzahl

Rechne die Aufgaben und finde die Postleitzahl.

1000 : 250

132 : 66

165 : 55

840 : 140

330 : 66

2 **4**

Postleitzahl

Rechne die Aufgaben und finde die Postleitzahl.

990 : 330

150 : 25

231 : 33

500 : 125

540 : 270

Persen® Bergedo
Best.-N

Teilbarkeitsregel

Eine Zahl ist durch **3** teilbar, wenn die Quersumme durch 3 teilbar ist. Verbinde die Zahlen der Größe nach!

• 373
249 •——• 315
• 185
604 •
531 •
• 919
512 •
417 •
771 •
• 672
• 203

Teilbarkeitsregel

Eine Zahl ist durch **4** teilbar, wenn die Zahl aus den letzten beiden Ziffern durch 4 teilbar ist. Verbinde die Zahlen der Größe nach!

326 •
425 •
648 •
• 630
448 •
• 328
509 •
• 536
• 410

Teilbarkeitsregel

Eine Zahl ist durch **5** teilbar, wenn die letzte Ziffer eine 5 oder eine Null ist. Verbinde die Zahlen der Größe nach!

705 •
255 •
• 87
665 •
• 165
558 •
• 209
405 •
• 310
• 95
• 553
603 •

Teilbarkeitsregel

Eine Zahl ist durch **2** teilbar, wenn die letzte Ziffer gerade, oder eine Null ist. Verbinde die Zahlen der Größe nach!

225 •
• 312
• 249
208 •
• 510
943 •
423 •
• 315
600 •
• 808

Rechenschlange – Schlangenrechnen

Finde die fehlenden Lösungen.

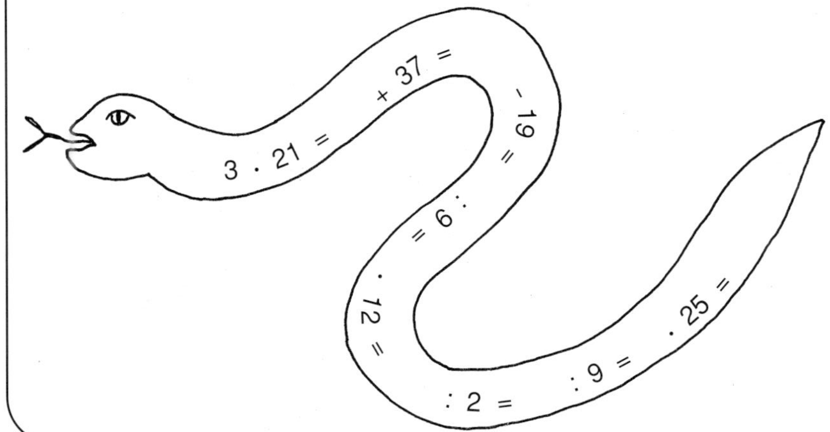

Rechenschlange – Schlangenrechnen

Finde die fehlenden Lösungen.

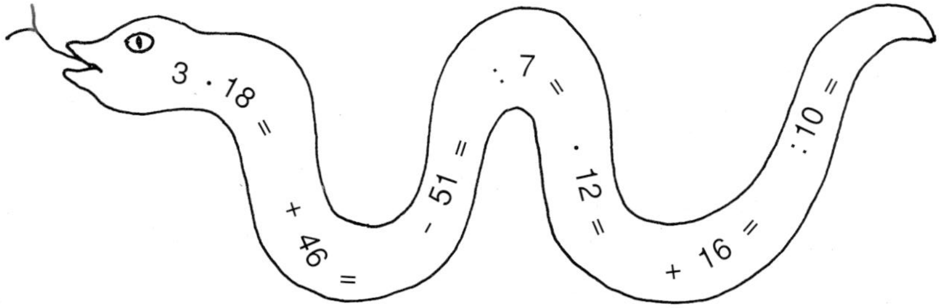

Rechenschlange – Schlangenrechnen

Finde die fehlenden Lösungen.

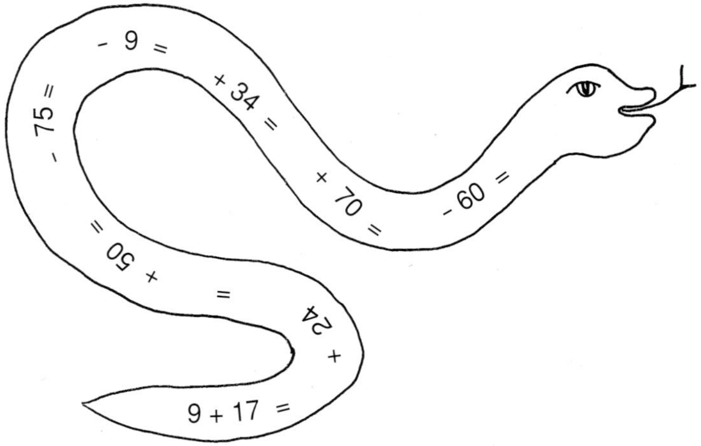

Rechenschlange – Schlangenrechnen

Finde die fehlenden Lösungen.

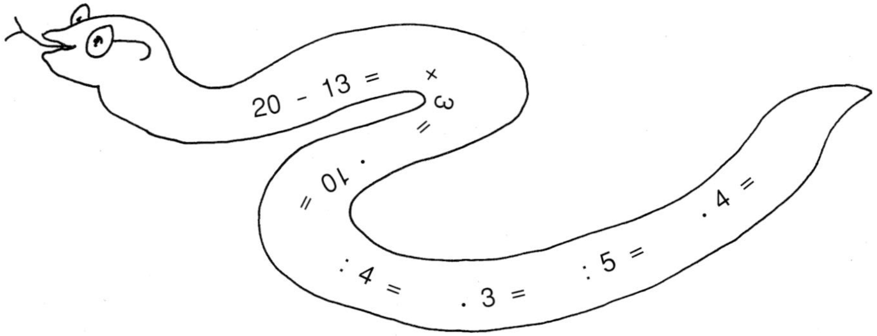

Kettenaufgabe

Probieren geht über Studieren.
Setze die 4 Zahlen an die richtige Stelle.

2 3

5 9

(□ − □) · □ : □ = 15

Kettenaufgabe

Probieren geht über Studieren.
Setze die 4 Zahlen an die richtige Stelle.

3 3

6 9

(□ · □ + □) : □ = 11

Kettenaufgabe

Probieren geht über Studieren.
Setze die 4 Zahlen an die richtige Stelle.

3 7

8 8

(□ + □) : □ · □ = 40

Kettenaufgabe

Probieren geht über Studieren.
Setze die 4 Zahlen an die richtige Stelle.

2 4

7 10

(□ : □ + □) · □ = 48

Persen ® Bergedorfer ® Best.-Nr. 2389

Schneckenpost

Setze die fehlenden Operationszeichen: + / - / : / ·
Beginne in der Mitte.

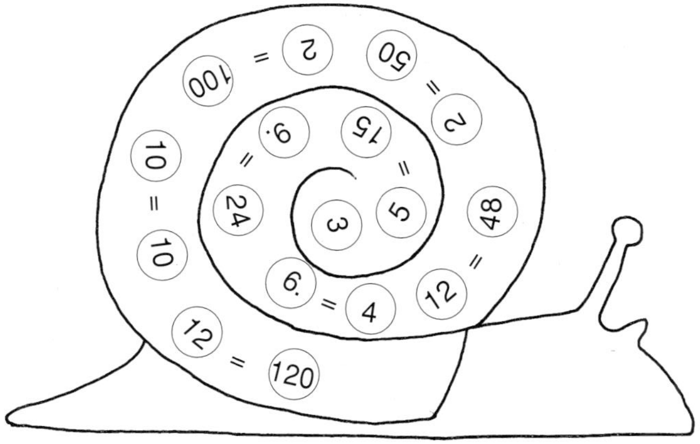

Schneckenpost

Setze die fehlenden Operationszeichen: + / - / : / ·
Beginne in der Mitte.

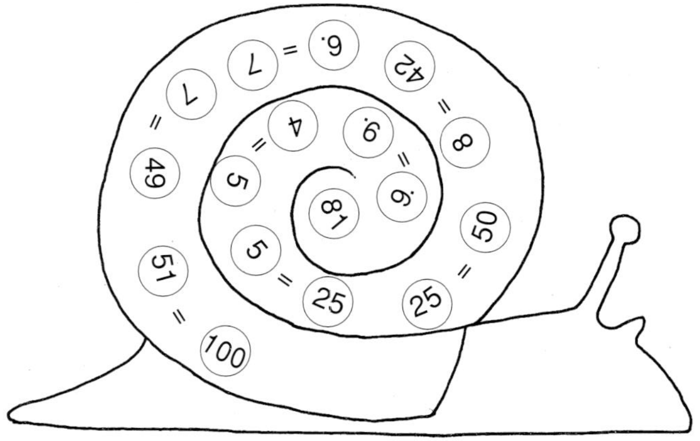

Schneckenpost

Setze die fehlenden Operationszeichen: + / - / : / ·
Beginne in der Mitte.

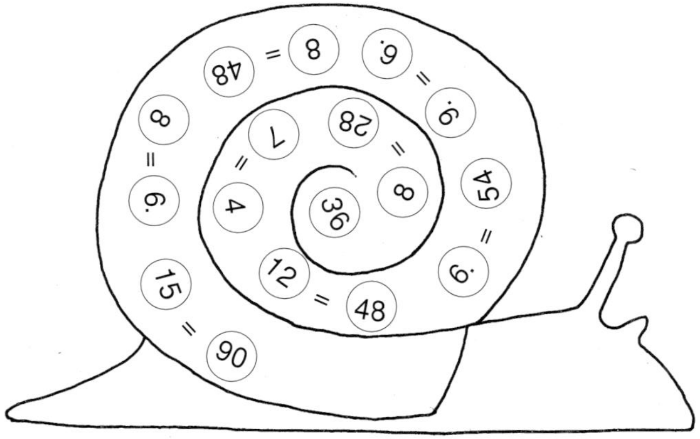

Schneckenpost

Setze die fehlenden Operationszeichen: + / - / : / ·
Beginne in der Mitte.

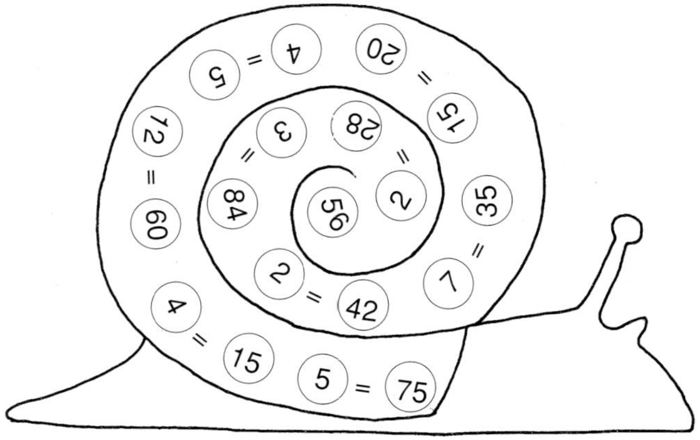

Größer/Kleiner als, gleich

Setze die Rechenzeichen (> / < / =) ein.

3 · 18 ◇ 6 · 9	96 : 2 ◇ 7 · 7
5 · 7 ◇ 72 : 2	8 · 8 ◇ 130 : 2
9 · 9 ◇ 2 · 41	2 · 36 ◇ 8 · 9

Größer/Kleiner als, gleich

Setze die Rechenzeichen (> / < / =) ein.

4 · 19 ◇ 9 · 8	6 · 15 ◇ 450 : 5
5 · 24 ◇ 480 : 4	144 : 3 ◇ 7 · 7
6 · 18 ◇ 360 : 3	5 · 25 ◇ 2 · 63

Größer/Kleiner als, gleich

Setze die Rechenzeichen (> / < / =) ein.

162 : 2 ◇ 9 · 9	3 · 18 ◇ 9 · 6
154 : 2 ◇ 7 · 7	4 · 12 ◇ 3 · 16
300 : 4 ◇ 5 · 15	5 · 21 ◇ 9 · 8

Größer/Kleiner als, gleich

Setze die Rechenzeichen (> / < / =) ein.

(4 · 48)+24 ◇ (810 : 90) + 30

(2 · 36) · 2 ◇ (450 : 5) + (120 : 2)

(3 · 35) · 4 ◇ 6 · (280 : 4)

Kuckucksei

Welche Zahl passt nicht in die Reihe?
Streiche weg!

2 4 6 8 10 11 12 14 16 18

71 69 67 65 63 62 61 59 57

15 25 35 45 55 65 75 85 90

96 88 80 72 66 64 56 48 40

15 18 21 24 27 30 33 35 36

Kuckucksei

Welche Zahl passt nicht in die Reihe?
Streiche weg!

4 9 16 25 36 49 58 64 81

11 13 17 19 23 29 31 36 37

20 40 50 60 80 100 120 140

1000 875 750 625 500 350

Kuckucksei

Eine Zahl ist falsch.
Kreise sie ein und berichtige.

15 30 45 60 75 80 105 120

91 84 77 70 63 56 45 42

24 36 48 50 72 84 96 108

49 64 91 100 121 144 169

Kuckucksei

Eine Zahl ist falsch.
Kreise sie ein und berichtige.

175 150 125 100 75 60 25

13 26 39 52 65 77 91

980 960 950 920 900 880

640 560 480 380 320 240

Kuckucksei

Wo steckt es?

24 36 48 62 72 84

72 81 90 99 107 117

135 120 105 80 75 60

150 125 90 75 50

Kuckucksei

Wo steckt es?

2 4 8 16 32 64 100 128

3 6 18 21 63 66 180

4 5 7 10 14 19 25 31

99 88 77 56 55 44 33

Kuckucksei

Wo steckt es?

4 9 16 25 36 40 49 64

11 13 14 17 19 23 29 31

2 6 18 54 152 162

875 755 625 500 375

Kuckucksei

Wo steckt es?

2,50 m 3 mm 18 dm 3 kg 15 km

6 Std 3 min 4 mm 60 min 30 s

12 kg 1 t 150 g 270 km 125 g 3 t

1 hl 3 dl 15 ml 16 dm 8 l 30 cl

Zahlenreihen

Ergänze die Reihen.
Gibt es mehrere Möglichkeiten?

22 24 26 28 30 32 __ 36 38

91 89 87 85 83 81 79 __ __

16 20 24 28 32 36 40 44 __ __

15 16 18 21 25 30 36 43 __ __

Zahlenreihen

Ergänze die Reihen.
Gibt es mehrere Möglichkeiten?

15 20 25 30 35 40 45 50 __ __

2 4 8 16 32 __ 128 256 __

91 84 77 70 63 56 __ 42 35 __

93 84 76 69 __ 58 54 __

Zahlenreihen

Ergänze die Reihen.
Gibt es mehrere Möglichkeiten?

44 42 45 43 46 44 __ __

14 15 17 20 24 29 35 __ __

17 15 30 28 56 54 __ __

4 6 12 10 12 24 22 __ __

Zahlenreihen

Ergänze die Reihen.
Gibt es mehrere Möglichkeiten?

4 9 16 25 36 __ 64 81 100 __

11 13 17 19 23 __ __ 37 41 __

3 9 27 81 __ 729 2187

5 10 9 18 17 34 33 __ __

Persen Bergedorfer® Best.-Nr. 2389

Büchsenwerfen

Susi trifft die Büchse mit 9 Punkten,
Hans diejenige mit 8 Punkten.

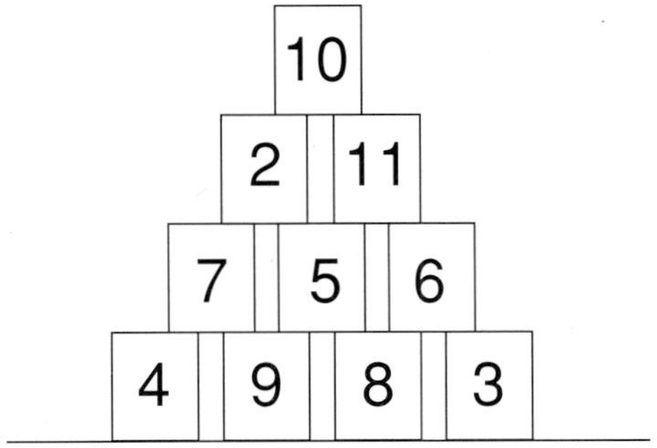

Punktzahl gesamt:

Susi ______

Hans ______

Büchsenwerfen

Doris trifft die Büchse mit 8 Punkten,
Erika diejenige mit 9 Punkten.

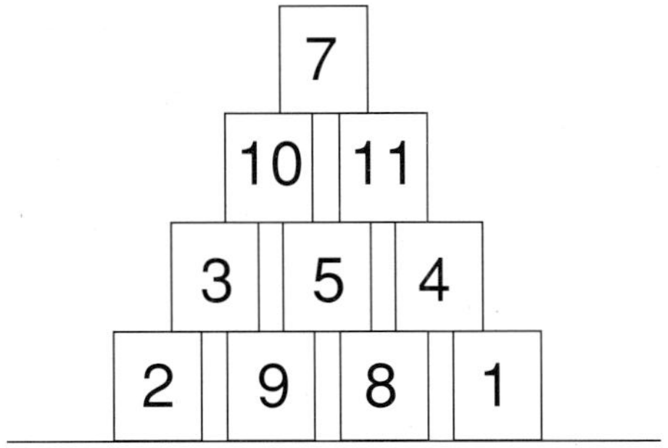

Punktzahl gesamt:

Doris ______

Erika ______

Büchsenwerfen

Fritz trifft die Büchse mit 6 Punkten,
Sara diejenige mit 5 Punkten.

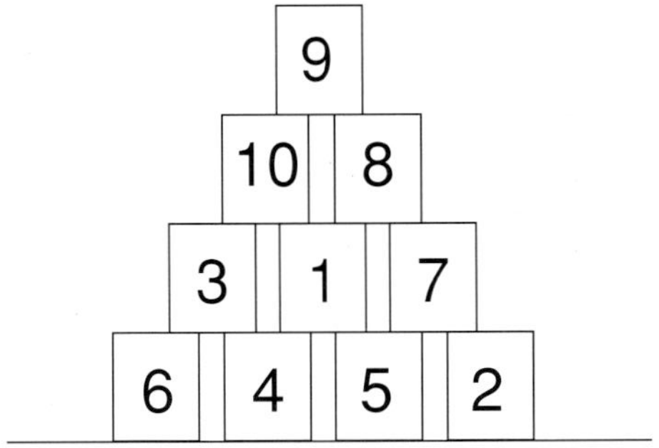

Punktzahl gesamt:

Fritz ______

Sara ______

Büchsenwerfen

Rolf trifft die Büchse mit 10 Punkten,
Fred diejenige mit 9 Punkten.

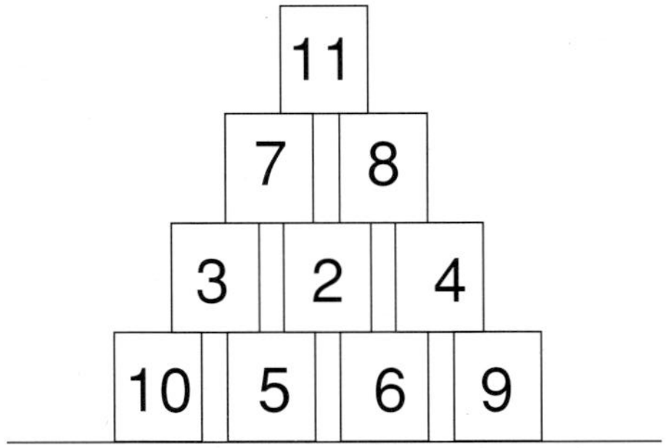

Punktzahl gesamt:

Rolf ______

Fred ______

Persen® Bergedorfer®
Best.-Nr. 2389

Zahlenkopf 3

Wie alt ist Frau Steiner?

___ Jahre

Zahlenkopf 4

Wie alt ist Herr Scholz?

___ Jahre

Zahlenkopf 1

Wie alt ist Herr Müller?

___ Jahre

Zahlenkopf 2

Wie alt ist Frau Huber?

___ Jahre

Rechenturm

Findest du die Spitze, ohne Zwischenresultate zu notieren?

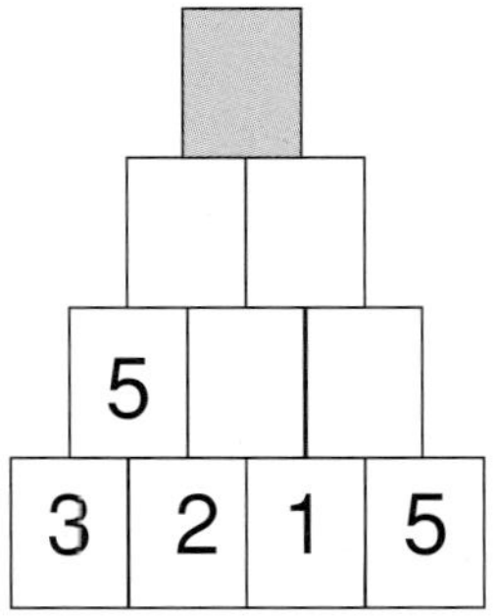

Rechenturm

Findest du die Spitze, ohne Zwischenresultate zu notieren?

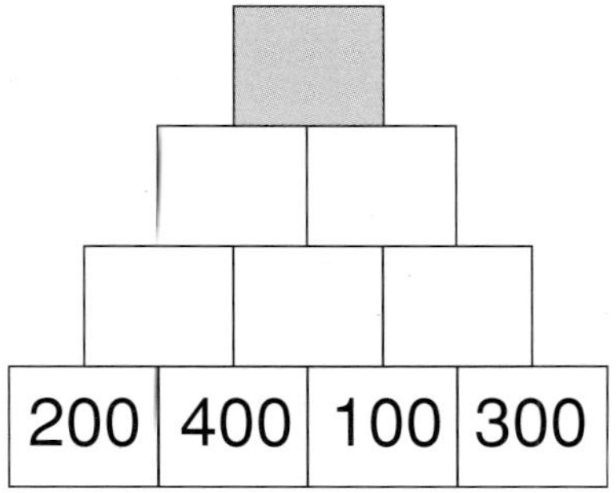

Rechenturm

Findest du die Spitze, ohne Zwischenresultate zu notieren?

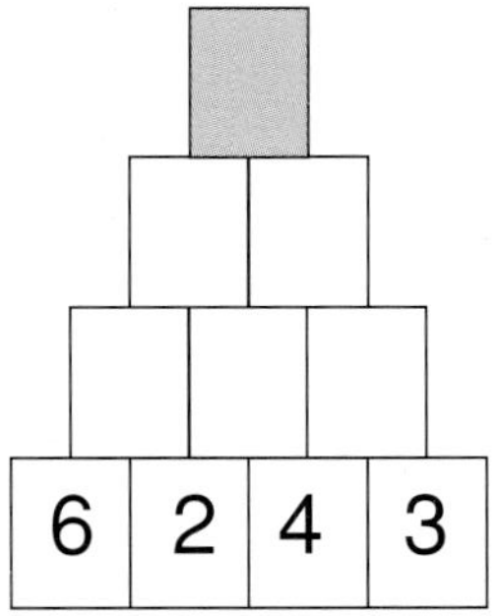

Rechenturm

Findest du die Spitze, ohne Zwischenresultate zu notieren?

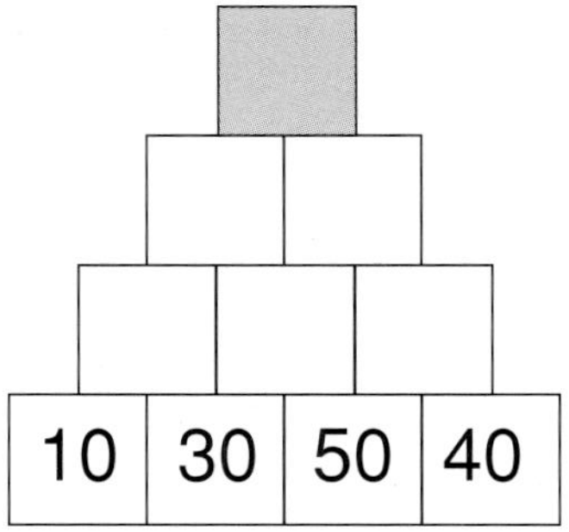